인하대 고조선연구소 연구총서 ❺

인하대 고조선연구소 연구총서 ❺
고려시대 서북계 이해

책임저자 복기대
저자 남의현 한성주 허우범 김태경
펴낸이 계원숙
발행일 2020년 12월 28일
펴낸곳 우리영토
출판인쇄 디자인센터산 032-424-0775
출판등록 제52-2006-00002
주소 인천광역시 연수구 한나루로 86번길 36-3
대표전화 032-834-4252

ISBN 978-89-92407-43-4

책값은 뒷표지에 있습니다.
지은이와의 협의하에 인지를 붙이지 않습니다.

※ 이 책은 2020년 (사)동북아역사연구회 지원으로 연구되었음을 밝힙니다.
※ 본문의 지도는 구글지도를 인용하여 재작성하였습니다.
  (지도 정리 : 인하대학교 대학원 융합고고학과 이상화)
※ 출판사 및 저자의 허락없이 내용의 일부 또는 전체를 무단 전제하거나 SNS·매체수록 등을 금합니다.

고려시대 서북계 이해

서 문

일본이 만주족의 나라라는 뜻의 '만주국'으로 이름을 붙인 이후 '만주'로 불리고 있는 현재 중국 동북 3성은, 역사의 흐름을 볼 때 그 역사적 변화를 어떻게 이해해야 할지 가늠이 어려운 지역이 되었다. 역사적으로 볼 때 분명하게 한국사와, 그리고 한국사와 관련 있는 사람들의 무대였음에도 불구하고 어느 날 갑자기 모든 것이 중국과, 또 중국과 관계가 있는 차이나계 역사의 무대로 바뀌고 있는 중이다. 이런 변화는 18세기 말 청나라의 학자들과 조선의 일부 학자들이 단초를 만들었다. 근대 일본은 이를 바탕으로, 이에 반대되는 사실들을 모두 걷어내고, 일본식 제국주의 틀을 만드는 과정에서 동북아시아사를 새롭게 만들어 전 세계에 유포하였다. 그후 일본의 역사관을 비판하지 않은 많은 전문가들이 인정하면서 오늘날의 인식체계가 자리 잡히고, 이 틀은 현대 동북아시아 국제정치에 그대로 활용되고 있는 것이다.

그러나 최근 동북아시아에서 발생한 역사의 문제가 현실 국제정치로 번지면서 많은 전문 역사학자와 전문 역사학자가 아닌 사람들이 이 지역에 관심을 두고 새로운 연구를 시작하였다. 이 과정에서 새로운 자료들을 발굴하고 동시에 이미 지나친 자료들의 재해석 과정에서 현재의 인식에 문제가 있음이 확인되었다. 특히 인하대학교 고조선연구소에서 연구소 차원에서 이런 문제를 제기한 후 이것이 계기가 되어 그동안 망설이던 연구자들이 새로운 연구 결과들을 내놓기 시작하였다. 그리고 그 결과들을 몇 권의 책으로 출간하여 관심있는 사람에게 만주지역을 새롭게 볼 수 있는 자료가 되어주었다. 이런 결과물들은 좋은 호응을 얻게 되었고, 또한 많은 격려를 받았다. 이와 반대로 그런 좋은 책을 내준 출판사는 다른 연구자들로부터 책 출간에 대한 항의도 받았다고 한다. 그러나 전체적으로 볼 때 항의보다는 격려가 훨씬 더 많았고, 그리고 더 많은 보완 연구도 주문을 받아 꾸준하게 진행하고 있다. 이 과정에서 그동안의 연구를 다시 한 권의 책으로 묶어 내고자 한다. 이 책은 이전의 책에 비하여 연구자들이 늘어나고 있는 것을 볼 수 있고, 연구 내용도 점점 깊어지는 것을 볼 수 있다. 이번에 참여한 5명의 연구자는 각 한 편씩의 논문을 발표하였다.

각 논문의 내용을 다음과 같이 정리할 수 있다.

복기대교수는 이 책에서 고려시대 서북계에 대한 전체적인 흐름을 파악하여 정리를 하였다. 이 정리는 아주 정확하게 지명 고증을 한 것이라기보다는 그의 현장 경험을 살려 큰 틀에서 확인해 본 것이다. 그 이유는 현재 많은 지명이 옮겨졌기 때문에 정확한 고증을 할 수가 없기 때문이다.

남의현교수는 주로 고려후기 고려와 원나라의 국경선이었던 자비령의 위치 문제를 집중적으로 거론하였다. 그는 당시의 자비령은 현재 학계에서 고정적으로 인식하고 있는 황해도 자비령이 아니라 중국 요녕성 지역에 있는 천산산맥 줄기가 자비령이었다는 새로운 견해를 제시하였다. 이 과정에서 그동안 묻혀있던 자료들을 근거로 제시하여 앞으로 많은 연구자에게 도움을 줄 것으로 본다.

한성주교수는 그동안 우리 학계에서 간헐적으로 언급하고 있는 고려동북 9성의 위치와 조선시대 조선동북의 국경선 문제를 제기하였다. 이 연구는 차이나계가 어떻게 현재 연길지역으로 진출하였나를 알 수 있는 계기가 될 수 있는 중요한 연구이다. 이 연구는 앞으로 많은 후속 연구들이 나올 수 있는 가능성을 제시해준 논문이다.

허우범박사는 고려의 명운을 갈랐던 철령위의 위치 문제를 명나라가 설치한 70참과 연결을 시켜 비정하였다. 그 결과, 명나라 초기 수도였던 현재 중국 남경에서 시작한 70참의 거리는 현재 중국 요녕성 심양 일대까지라는 것을 다시 고증할 수 있었다. 현재 학계에서는 이 70이라는 숫자가 17을 잘못 쓴 것이라고 하며 원사료를 부정하는 해괴한 논리로 변조되어 사용되고 있는 기록이다. 허박사는 이와 관련한 명나라의 기록을 꼼꼼히 분석하여 그동안의 견해가 잘못되었음을 밝혔다. 허우범박사의 이런 연구는 그동안 지속적으로 문제 제기가 되었던 고려말 철령의 위치 문제에 북한의 함경도 지역이 철령위가 아니라는 것을 확인해주는 연구라 할 수 있다.

그리고 한국사의 미스터리 중 하나가 요나라와 한국계통 역사와의 관련이다. 흔히 우리가 알고 있는 서희와 소손녕의 담판에서 두 나라가 모두 고구려를 조상이라고 하고 있다는 것은 두 나라의 역사의 계통성을 이해하는 데 매우 중요한 근거가 될 것이다. 이런 연관성이 있었다는 것은 기록을 통해 알고 있었지만 문화적으로 어떤 관계가 있었는지는 확인되지 않았다. 흔히 우리 머릿속에는 요나라가 미개한 오랑캐 나라라는 인식으로 꽉 차 있는 것이 현실이다. 그러나 요나라는 절대 그런 나라가 아니다. 고려와 가장 관계가 깊었던 나라이고, 문화 측면에서도 매우 발달한 나라였다는 것을 일단 말하고자 한다.

김태경박사는 이런 요나라와 거란의 관계를 이해하기 위한 첫걸음으로 요나라 말과 우리말의 관계가 어떠한가 하는 관계성을 확인해보는 연구를 시도한 것이다. 현재 우리가 쓰고 있는 말에는 조선 전기부터 들어온 명나라의 한자말이 많이 들어 있고, 일본식 한자말도 많다. 김박사는 그래도 우리말 어딘가에 남아 있는 우리 고유의 말들을 찾아서 거란어와 비교한 연구를 한 것이다. 김박사는 오랫동안 거란어를 연구하여 거란어 사전까지 펴낸 연구자이기 때문에 학계에 기여가 큰 연구라 할 수 있다.

이 책은 그동안 인하대 고조선연구소에서 낸 책들과 같은 맥락이다. 그러나 이 책에서는 새로운 자료들을 제시하고 있고, 새로운 연구 방향도 제시하고 있다는 것이 다르다. 특히 고려말의 국경선 문제는 한국사의 매우 중요한 문제점을 해결하는 것으로 한국 중세 서북관계사를 연구하는 데 있어서 매우 중요한 계기가 될 것으로 본다.

역사를 연구하다 보면 역사지리 연구가 매우 중요하다는 것을 알 수 있다. 어쩌면 역사연구의 기본이 역사지리 연구라고 볼 수 있다. 세계사적인 입장에서 볼 때 이 분야의 연구는 점점 더 심화되고 있고, 특히 동북아시아는 국가의 안보문제로 비화되고 있는 상황이다. 앞서도 말했지만 현재 우리 역사지리 획정의 기본 틀은 1913년에 일본학자들에 의하여 《《조선역사지리》》와 《《만주역사지리》》로 짜여졌다. 이를 바탕으로 조선총독부에서는 전국의 행정구역을 합치고 나누고 또 이름을 바꾸는 '창지개명(創地改名)'을 하였다. 이 작업으로 순우리말로 불렸던 많은 이름이 사라지고 한자로 이름을 지었는데, 당시 한자를 모르던 사람들은 그것이 무엇인지도 모르고 그대로 따라갔다. 특히 심했던 지역은 북관으로 불리던 지금의 도문강과 두만강 유역, 그리고 지금의 압록강 유역 지명들에 큰 변화가 있었다. 이 작업이 끝나면서 이른바 '반도사관'은 완성이 될 것이다. 그들은 먼저 한국사 최대의 영토확장은 조선 세종 때로 설정을 하였고, 그 이전 고려시대는 한반도 북부는 차이나계, 그리고 요·금·원 등등의 영토였다는 것을 기본 개념으로 설정하고 반도사관을 만든 것이다. 그들의 이런 작업은 전해져 내려오는 기록들을 제대로 해석하지 않고 그들의 필요, 즉 청나라나 러시아와의 관계를 고려하여 자의적으로 해석한 것이다. 이런 일본의 반도사관은 한국뿐만 아니라 동북아시아 국제정치 갈등의 진원지가 되고 있다. 그러므로 반드시 다시 연구되어 원래의 모습을 찾아야 하는 것이다.

현재 학계에서 이런 연구의 전문가들 사이에 찬반의 많은 의견이 있다. 과거의 기록을 근거로 연구를 하다 보니 의견이 다를 수 있다. 그러면 계속 연구를 해 나가면 된다. 그런데 나와 견해가 같지 않다는 이유로 연구를 방해하면 안 되는 것이다. 연구 결과를 내준 출판사에 항의성 전화를 할 필요도 없고, 찾아갈 일도 없다고 본다. 연구 사실 여부에 문제가 있으면 연구를 하여 그 출판사에 출판 요청을 하면 얼마든지 해줄 것으로 본다. 그러면 되는 것 아닌가? 꼭 그러기를 바란다. 그래야 한국사가 산다.

우리는 연구 결과를 발표하는 데 많은 어려움이 있다. 그러므로 어느 출판사에 책을 내달라고 하기가 여간 어려운 게 아니다. 연구를 해 놓고도 발표가 어려워 고민하는 적이 한 두 번이 아니다. 흔쾌히 책 출간에 나서준 출판사 〈우리영토〉에 감사의 인사를 드린다. 이런 연구를 진행하는 과정에 많은 어려움이 있지만 올해 가장 큰 어려움은 '코로나19'라는 갑작스런 돌림병이었다. 연구자들끼리 자주 만나야 하는데 이 코로나19 때문에 모든 모임이 통제를 받다 보니, 얼굴을 볼 수 없어 계속 지연되었다. 그러나 서로 계속 연락을 주고받으며 이 책을 내게 되었다. 이 책이 우리 역사 영토의 연원을 밝히는 연구에 한 디딤돌이 되기를 기원한다.

2020년 12월 28일
인하대 고조선연구소장
복 기 대

목차

1. 문헌 기록으로 본 고려 서북국경선   복기대   15

2. 고려와 원·명의 요동 국경은 어디였을까   남의현   61
　－東寧府·東寧路와 慈悲嶺의 상관성을 중심으로

3. 조선 초기 對明 관계와 공험진   한성주   93

4. 고려말 철령위 위치의 재고찰   허우범   127

5. 거란어와 한국어 어휘 등의 유사성에 관한 연구   김태경   161

문헌 기록으로 본 고려 서북국경선

문헌 기록으로 본 고려 서북국경선

복 기 대

I. 머 릿 말

고려시대 동북아시아에는 동쪽에 고려가 500년 가까이 지속되고 있었고, 서북쪽 만주에는 요·금·원이라는 세 왕조가, 남쪽인 황하와 양자강 유역에는 북송·남송이 있었다. 그리고 지역적으로는 황하 유역이 요·금의 영토가 되었다가 원에 의하여 통일되어 원제국으로 통합되는 과정을 겪었다. 이런 역사적 변화과정의 출발지가 어디인지 살펴보면 현재 만주 지역의 요하 유역에서 시작하고 있고, 이 요하를 거머쥔 나라들이 대부분 거대 권력자로 성장하면서 동아시아뿐만 아니라 유라시아 국제정치를 쥐고 흔들었다. 그렇기 때문에 새로 일어나는 나라들은 이 요하 유역을 잡기 위하여 국운을 걸고 경쟁자들과 맞섰다. 말이 경쟁이지 국가의 사활을 걸고 대규모 전쟁을 벌이기도 하였다. 고려도 이 경쟁에서 결코 물러서지 않았으며 주도권을 잡고 있었다. 이런 내용이 많은 사서에 그대로 전해옴에도 불구하고 현재의 역사 해석에서는 그런 경쟁이 없었던 것처럼 해석하고, 이를 합리화하여 고려의 국경선까지 왜곡하고 조작을 하기도 하였다. 그 결과는 아래 지도와 같다([지도1]).

이런 조작과 왜곡은 일본의 군국주의자들과 이에 동조하는 학자들이 주도하였고 그후 많은 역사학자들이 동조하여 합리화를 시켰다. 이 합리화는 현대의 동북아시아 국제정치에도 그대로 적용되고 있다. 이런 문제점에 대하여 많은 사람이 동북아시아 국제사회에 이의를 제기하였으나 이는 대부분 찻잔 속의 바람으로 끝나고 말았다. 이에 대해 여러 가지 이유가 있었지만 그중 하나가 관련 자료의 심층적인 연구가 없었다는 것이고, 혹은 구체적인 자료를 제시하더라도 이를 외면하였기 때문에 일본 군국주의자들이 날조를 계속 이어가는 것이다. 이에 필자는 새로운 관련 자료를 찾아보고 기존의 자료들을 다시 풀어보는 과정을 거쳐 고려시대 만주의 국경개념이 어떠하였는지 확인해보고자 한다. 이 기록 중 고려의 국경선 관련 기사에서 북방지역의 국경선을 '동북으로는 선춘령'으로 하고, 서쪽으로는 압록으로 경계를 삼았다고 하였다. 대부분 이 기록을 근거로 하여 고려의 서쪽 경계를 지금의 압록강으로 하여 고려 국경선을 정하였다. 이런 개념으로 만들어진 고려의 국경선 지도는 다음과 같다([지도1]).

[지도1] 현재 고려 국경선 인식도1)

---

1) 국사편찬위원회, 『우리역사넷』에 올라와 있는 7차 교육과정 고등학교 국사교과서 참조.

Ⅱ. 고려 북계 관련 기록의 분석

 국경선은 늘 상대국과의 분쟁지역이기 때문에 관계된 나라들은 모두 자세하게 기록을 해놓는다. 10세기 이후 만주 지역의 국경선을 연구하려면 몇 가지 기본적인 사료를 활용해야 하는데 필자는 국가에서 편찬한 사서를 우선하고자 한다. 만주 지역 관련 기록은 『고려사』, 『요사』, 『금사』, 『원사』를 기본으로 해야 한다. 이 몇 사료들은 국가기관에서 발행한 것으로 구체적인 자료를 참고하여 만든 기록들이기 때문이다. 이들 자료 중 고려와 요, 금, 원의 국경선을 추정할 수 있는 자료로는 『고려사』의 기록을 활용하는 것이 가장 합리적이라 본다. 왜냐하면 『고려사』에서는 고려 국경과 관련하여 구체적으로 기록해놓았기 때문이다. 그런데 이들 기록 대부분은 동북계를 말하는 것이고, 북계는 다음과 같이 별도로 설명하고 있는 것을 볼 수 있다.

『고려사』「지리지」3. '북계'
북계(北界)는 본래 조선(朝鮮)의 옛 땅이다. 삼국시대에 고구려가 소유하였다. 보장왕 27년(668)에 신라 문무왕이 당(唐)나라 장수 이적(李勣)과 함께 협공하여 멸망시키고 그 땅을 병합하였다. 효공왕 9년(905)에 궁예(弓裔)가 철원(鐵圓)을 근거지로 삼아 후고려왕(後高麗王)이라 자칭하며 나누어서 패서(浿西) 13진(鎭)을 정하였다. 성종 14년(995)에 전국을 나누어 10도(道)를 만들 때 서경(西京)의 소관(所管)으로 하여 패서도(浿西道)라 하였다. 뒤에 북계(北界)라 불렀다. 숙종 7년(1102)에 또 서북면(西北面)이라 불렀고, 뒤에 황주(黃州)·안악(安岳)·철화(鐵和)·장명진(長命鎭)을 내속(來屬)시켰다. 우왕 14년(1388)에 다시 서해도(西海道)에 소속시켰다.
관할하는 경(京)이 1개, 대도호부(大都護府)가 1개, 방어군(防禦郡)이 25개, 진(鎭)이 12개, 현(縣)이 10개이다. 〈고려〉 중엽 이후로 설치한 부(府)가 2개,

군(郡)이 1개이다.2)

이 기록은 북계가 서북면으로 불렸다는 변천 과정과 동북계와는 달리 구체적으로 조선의 옛 땅이었다는 것으로 시작하여, 고구려, 통일신라, 궁예의 발흥지, 그리고 고려 서경으로 이어지는 역사적인 내력을 기록하여 놓고 있다. 즉 고려의 서경이 서북계의 중심지역이다. 이 서경은 고려의 수도 개경에서 7~9일 걸리는 거리에 위치하는데3), 그 지역이 고려의 북계의 중심인 것이다. 이를 토대로 하여 쓰인 것이『고려사』「지리지」이다.

『고려사』「지(志)」 권 제10 지리1
우리 해동(海東)은 삼면이 바다에 막혀 있고, 한 모퉁이가 육지에 이어져 있는데, 그 폭과 둘레는 거의 10,000리(里)나 된다. 고려(高麗) 태조(太祖)가 고구려(高句麗) 땅에서 일어나 신라(新羅)를 항복시키고 백제(百濟)를 멸망시켜, 개경(開京)에 도읍을 정하니, 삼한(三韓)의 땅이 하나로 통합되었다. 그러나 동방(東方)이 처음 평정될 때는 미처 정리[經理]할 여유가 없었다가, 〈태조〉 23년(940)에 이르러서야 비로소 여러 주(州)·부(府)·군(郡)·현(縣)의 이름을 고쳤다. 성종(成宗)이 또 주·부·군·현 및 관(關)·역(驛)·강(江)·포(浦)의 명칭을 고쳤으며, 마침내 경내(境內)를 나누어 10도(道)로 만들고, 12주(州)에 각각 절도사(節度使)를 두었다. 그 10도는 첫째는 관내(關內), 둘

---

2)『高麗史』「地理志」, '北界'
　北界本朝鮮故地. 在三國, 爲高句麗所有. 寶藏王二十七年, 新羅文武王, 與唐將李勣, 夾攻滅之, 遂倂其地. 孝恭王九年, 弓裔據鐵圓, 自稱後高麗王, 分定浿西十三鎭. 成宗十四年, 分境內, 爲十道, 以西京所管, 爲浿西道. 後稱北界. 肅宗七年, 又稱西北面, 後以黃州·安岳·鐵和·長命鎭, 來屬. 辛禑十四年, 復屬西海道. 領京一, 大都護府一, 防禦郡二十五, 鎭十二, 縣十. 中葉以後所置, 府二, 郡一.
3) 고려 황제가 이동하는 거리가 얼마인지는 정확하게 알 수 없으나 조선시대 정조의 화성행차는 하루 거리였다고 한다. 한양에서 화성까지의 거리는 약 40km 정도 된다.

째는 중원(中原), 셋째는 하남(河南), 넷째는 강남(江南), 다섯째는 영남(嶺南), 여섯째는 영동(嶺東), 일곱째는 산남(山南), 여덟째는 해양(海陽), 아홉째는 삭방(朔方), 열 번째는 패서(浿西)이었다. 관할하는 주군(州郡)은 모두 580여 개였으니, 우리나라[東國] 지리(地理)의 융성함이 여기서 극치를 이루었다. 현종(顯宗) 초에 절도사를 폐지하고, 5도호(都護)와 75도(道) 안무사(安撫使)를 두었으나, 얼마 후 안무사를 폐지하고, 4도호와 8목(牧)을 두었다. 그 이후로 5도(五道)·양계(兩界)를 정하니, 양광(楊廣)·경상(慶尙)·전라(全羅)·교주(交州)·서해(西海)·동계(東界)·북계(北界)가 그것이다. 모두 합하여 경(京)이 4개, 목(牧)이 8개, 부(府)가 15개, 군(郡)이 129개, 현(縣)이 335개, 진(鎭)이 29개이었다. 그 사방의 경계[四履]는, 서북은 당(唐) 이래로 압록(鴨綠)을 한계로 삼았고, 동북은 선춘령(先春嶺)을 경계로 삼았다. 무릇 서북은 그 이르는 곳이 고구려에 미치지 못했으나, 동북은 그것을 넘어섰다. 이제 대략 사책(史策)에 나타난 연혁에 근거하여 지리지(地理志)를 짓는다.4)

이 기록에서 주목해야 할 점은 국경선의 근거로 삼은 것이 서로는 압록강, 동북으로는 선춘령이라는 것이다. 그러므로 이 두 지역에 대해 고증해 보는 것이 순서라 하겠다. 먼저 압록강 관련이다. 압록강에 관한 당대, 즉 고려시대의 기록은 『삼국유사』에 남아 있다.

---

4) 『高麗史』 五十六, 「志」 卷第十, 地理一
惟我海東, 三面阻海, 一隅連陸, 輻員之廣, 幾於萬里. 高麗太祖, 興於高句麗之地, 降羅滅濟, 定都開京, 三韓之地, 歸于一統. 然東方初定, 未遑經理, 至二十三年, 始改諸州府郡縣名. 成宗, 又改州府郡縣及關驛江浦之號, 遂分境內爲十道, 就十二州, 各置節度使. 其十道, 一曰關內, 二曰中原, 三曰河南, 四曰江南, 五曰嶺南, 六曰嶺東, 七曰山南, 八曰海陽, 九曰朔方, 十曰浿西. 其所管州郡, 共五百八十餘, 東國地理之盛, 極於此矣. 顯宗初, 廢節度使, 置五都護·七十五道安撫使, 尋罷安撫使, 置四都護·八牧. 自是以後, 定爲五道·兩界, 曰楊廣, 曰慶尙, 曰全羅, 曰交州, 曰西海, 曰東界, 曰北界. 惣京四, 牧八,

1. 한국계 기록의 분석

먼저 『삼국유사』에 기록된 압록강 관련 기사의 확인이다.

> 『삼국유사』「흥법」제3, '순도조려'
> 고려본기(高麗本記)에 다음과 같은 기록이 있다.
> 소수림왕(小獸林王) 즉위 2년 임신(壬申), 즉 동진(東晉)의 함안(咸安) 2년이고, 효무제(孝武帝) 즉위년에 전진(前秦) 부견(符堅)이 사신과 승려 순도(順道)를 시켜 불상과 경문을 보내왔다. 또 4년 갑술(甲戌)에 아도(阿道)가 진(晉)에서 왔다. 이듬해 을해(乙亥) 2월에 초문사(肖門寺)를 창건하여 순도를 머물게 하고, 또 이불란사(伊弗蘭寺)를 창건하여 아도를 있게 하였다. 이것이 고려(高麗)[고구려] 불교의 시작이다. ≪승전≫에 순도와 아도가 위(魏)나라에서 왔다고 한 것은 잘못이다. 확실히 그들은 전진(前秦)에서 왔다. 또 초문사는 지금의 흥국사(興國), 이불란사는 지금의 흥복사(興福)라고 한 것도 역시 잘못이다. 살펴보면, 고구려 때의 도읍은 안시성(安市城), 일명 안정홀(安丁忽)로서 요수(遼水)의 북쪽에 위치해 있었고, 요수는 일명 압록(鴨淥)으로 지금은 안민강(安民江)이라고 한다.5)

이 기록을 보면, 요수가 고구려 때는 압록강이고 고려 시대에는 안민강으로 불렸음을 알 수 있다. 여기서 주의 깊게 봐야 할 것은 압록강이라는 글자의 한자(漢字)이다. 이 기록에는 압록강(鴨淥江)이라고 쓰여 있다. 그

---

5) 『三國遺事』,「興法」第三, '順道肇麗'
高麗本記云小獸林王卽位二年壬申, 乃東晉咸安二年, 孝武帝卽位之年也, 前秦符順道送佛像經文. 又四年甲戌阿道來自晉. 明年乙亥二月創肖門寺以置順道, 又創伊弗蘭寺以置阿道. 此高麗佛法之始. 僧傳作二道來自魏云者誤矣. 實自前秦而來. 又云肖門寺今興國, 伊弗蘭寺今興福者亦誤. 按麗時都安市城, 一名安丁忽在遼水之北, 遼水一名鴨淥今云安民江.

런데 지금의 압록강은 압록강(鴨綠江)으로 쓰고 있는데 이 두 압록강은 분명하게 한자가 다를 뿐만 아니라 뜻도 다르다. 이것은 두 강이 다르다는 것을 말하는 것이다. 그러므로 고려시대의 압록강은 지금의 압록강이 아닌 지금의 중국 만주에 있는 요하인 것이다([지도2] 참조). 여기에 대하여는 이미 복기대6), 남의현7), 윤한택8)의 연구가 있기 때문에 이를 참고하면 될 것이다.

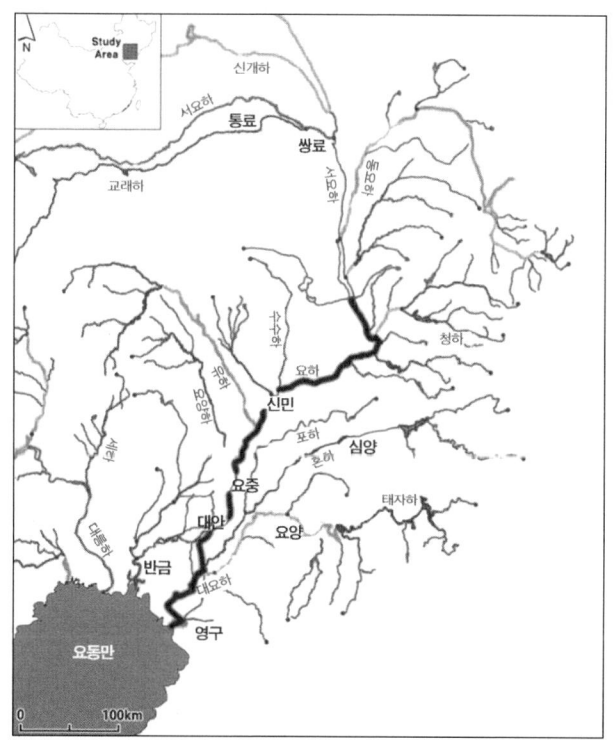

[지도2] 현재 요하 수계도
(이 수계도의 중심에 요하가 흐르고 있다.)

---

6) 고광진·최원호·복기대, 「시론 '장백산'과 '압록수'의 위치검토-고려 이전을 중심으로-」, 『선도문화』 제13, 2012.
7) 남의현, 「장수왕의 평양성, 그리고 鴨綠水와 鴨淥江의 위치에 대한 시론적 접근」, 『고구려의 평양과 그 여운』, 주류성, 2018.
8) 윤한택·복기대, 『압록과 고려의 북계』, 주류성, 2017: 윤한택, 『고려국경에서 평화시대를 묻는다』, 더플랜, 2018.

다음으로 동북계에 관한 기록이다. 이 고려의 동북계에 대하여는 많은 혼란이 있다. 즉 지금의 두만강 하류에서 곧바로 북으로 올라가는 개념으로 이해한다. 이것은 자북(磁北)의 개념이다. 그런데 전통시대에는 대부분 북극을 기준으로 삼는 진북(眞北)으로 방위를 잡는다. 그러므로 우리가 통념으로 알고 있는 것과는 약간 다르다는 것을 먼저 말하고자 한다.9)

① 『고려사』「지리지」 2, '동계'
수춘군(壽春君) 이수산(李壽山)이 도순문사(都巡問使)가 되어 강역(疆域)을 정하고 다시 동북면(東北面)이라 불렀다. 〈공민왕〉 9년에는 삭방 강릉도라 불렀다. 이로써 살펴보면, 철령(鐵嶺) 이북은 삭방도가 되고, 이남은 강릉도가 된다. 고려 때에 혹 삭방도, 혹 강릉도, 혹 합쳐서 삭방강릉도, 혹 강릉삭방도, 또는 연해명주도라 불렀다. 한 번 나누고 한 번 합침에 따라 비록 연혁과 명칭은 같지 않지만 고려 초로부터 말년에 이르기까지 공험(公嶮) 이남에서 삼척(三陟) 이북은 통틀어 동계라 일컬었다.10)

② 『고려사』「열전」 제9
윤관(尹瓘)과 오연총(吳延寵)이 동계(東界)에 이르러 장춘역(長春驛)에 병사를 주둔시켰는데 무릇 17만으로 20만이라고 칭했다. 병마판관(兵馬判官) 최홍정(崔弘正)·황군상(黃君裳)을 정주(定州)와 장주(長州) 2주에 나누어

---

9) 이 개념을 지리 연구에 적용하면 지금까지 우리가 알고 있던 것과는 많은 차이가 있다는 것을 알 수 있다.
10) 『高麗史』「地理志」二, '東界'
　　以壽春君李壽山, 爲都巡問使, 定疆域, 復號東北面. 九年, 稱朔方江陵道. 以此考之, 鐵嶺以北爲朔方道, 以南爲江陵道. 高麗時, 或稱朔方道, 或稱江陵道, 或合爲朔方江陵道, 或稱爲江陵朔方道, 又或稱沿海溟州道. 一分一合, 雖沿革稱號不同, 然自高麗初, 至于末年, 公嶮迆南, 三陟迆北, 通謂之東界云.

보내고 여진(女眞) 추장에게 속여서 말하기를, "나라에서 장차 허정(許貞)과 나불(羅弗) 등을 돌려보내고자 하니 와서 명령을 들으라."고 하고 매복하여 기다렸다.11)

③ 『고려사』「지리지」삭방도 소속 42개 역

삭방도(朔方道)는 42역(驛)을 관장한다. 고산(孤山)【위산(衛山)】, 남산(嵐山)【문주(文州)】, 보룡(寶龍)【서곡(瑞谷)】, 삭안(朔安)【등주(登州)】, 원심(原深)【고천(菰川)】, 요지(瑤池)【학포(鶴浦)】, 추풍(追風)【상음(霜陰)】, 철관(鐵關)·통달(通達)【고주(高州)】, 지원(知遠)【화주(和州)】, 덕령(德嶺)【문주(文州)】, 장춘(長春)·통기(通歧)【장주(長州)】, 장창(長昌)【정주(定州)】, 무림(茂林)【장주(長州)】, 귀후(歸厚)【요덕(燿德)】, 안신(安身)【청변(青邊)】, 정산(靜山)【영인(寧仁)】, 회녕(懷寧)·선덕(宣德)·거천(巨川)【원흥(元興)】, 조동(朝東)【진명(鎭溟)】, 평원(平元)【영흥(永興)】, 통화(通化)【장평(長平)】, 장풍(長豐)【금양(金壤)】, 동덕(同德)【흡곡(歙谷)】, 등로(藤路)【임도(臨道)】, 초진(超塵)【운암(雲嵒)】, 고잠(高岑)【고성(高城)】, 양린(養麟)【환가(豢猳)】, 태강(泰康)【안창(安昌)】, 죽포(竹苞)·청간(清澗)【간성(杆城)】, 관목(灌木)·운근(雲根)【열산(列山)】, 장부(長富)【용진(龍津)】, 벽목(碧木)·임운(林雲)·거방(巨坊)·일수(溢守)·장기(長歧)·부령(富寧)【운암(雲嵒)】이다.12)

---

11) 『高麗史』「列傳」第九
瑾·延寵, 至東界, 屯兵于長春驛, 凡十七萬, 號二十萬. 分遣兵馬判官崔弘正·黃君裳, 入定·長二州, 紿謂女眞酋長曰, "國家將放還許貞·羅弗等, 可來聽命." 設伏以待.
12) 『高麗史』「地理志」삭방도 소속 42개 역
朔方道掌四十二. 孤山【衛山】, 嵐山【文州】, 寶龍【瑞谷】, 朔安【登州】, 原深【菰川】, 瑤池【鶴浦】, 追風【霜陰】, 鐵關·通達【高州】, 知遠【和州】, 德嶺【文州】, 長春·通歧【長州】, 長昌【定州】, 茂林【長州】, 歸厚【燿德】, 安身【青邊】, 靜山【寧仁】, 懷寧, 宣德, 巨川【元興】, 朝東【鎭溟】, 平元【永興】, 通化【長平】, 長豐【金壤】, 同德【歙谷】, 藤路【臨道】, 超塵【雲嵒】, 高岑【高城】, 養麟【豢猳】, 泰康【安昌】, 竹苞, 清澗【杆城】, 灌木·雲根【列山】, 長富【龍津】, 碧木·林雲·巨坊·溢守·長歧·富寧【雲嵒】.

위 기록들의 의미를 분석해보면 다음과 같다.

①의 기록은 고려시대 동북계의 변화과정을 설명하고 있는데, 명칭은 여러 번 변했지만 큰 틀은 남으로는 삼척, 북으로는 공험진까지를 동계로

[지도3] 현재 인식하고 있는 동계 표시도

이들 기록은 조선시대 기록인데 '장춘(長春)·통기(通歧)【장주(長州)】'이 기록을 분석해보면 '장춘·통기'는 고려시대 명칭이고, '【장주(長州)】'이 부분은 조선시대에 주석을 단 것이다. 그러므로 이 점을 매우 주의해야 한다. 『고려사』 편찬과정은 정치적으로 매우 복잡한 과정을 겪는다. 이 『고려사』의 완성본은 김종서와 정치적으로 대립각에 있었던 정인지가 마지막으로 완성을 하는데, 당시는 한국 역사지리가 대부분 한반도 안으로 들어오는 시기이다. 예를 들면 고려의 첫 도읍지를 평안도 성천이라 할 정도로 이상한 기록을 남겨 놓는 시기인 것이다. 그러므로 이런 점을 매우 주의해야 한다.

인식하고 있다([지도3] 참조). 여기서 삼척은 지금의 강원도라 하고, 공험진은 과연 어디인가 하는 것이다. 이 공험진은 조선시대 기록에 구체적으로 나오는데 이 역시 두만강 넘어 700여 리에 있는 것으로 기록되어 있다.13) 그러므로 지금의 중국 흑룡강 동남부 지역이나 길림성 동북부 지역으로 추정된다. 그렇다면 이 지역 안에 삭방도가 있고 이 삭방도 안에 장춘이 있는 것이다.

②의 기록에서 장춘역에 고려 병사를 주둔시켰다고 하는데, 이 장춘역은 고려의 삭방도에 설치한 역이었다.14) 삭방도에는 42개 역이 있었다.

③의 기록을 보면 고려시대 동북방의 땅이었던 삭방도 지역에 설치한 42개 역 안에 장춘역이 있다. 현재 학계는 고려시대 동계를 현재의 강원도 동해안으로 인식하고 동계에 이 역이 있기 때문에 선춘령이 함경도 함흥 일대에 있었다고 보는 것이다. 한 가지 의아한 것은 우리가 통상 알고 있는 동계에 42개나 역이 설치되어 있는 점이다. 남쪽의 양광도 지역은 면적이 삭방도보다 훨씬 넓은데도 역의 수는 삭방도보다 적다. 당시 역을 설치하는 기준이 있을 것인데, 왜 이런 현상이 일어날까? 더구나 삭방도는 대부분 산지이기 때문에 굳이 이렇게 많은 역이 필요 없을 것인데 말이다.

---

13) 『世宗實錄』「地理志」
　　古孔州, 或稱匡州, 久爲胡人所據, 高麗大將尹瓘逐胡人, 置公險鎭防禦使 " -----중　략----- 伏胡峯˚【在府東, 府人以爲鎭山】大川旦豆滿江´【在府東北, 源出白頭山, 東流自東良北, 歷舍知´吾音會´愁州´童巾´多溫´迷錢等處, 至會叱家, 南流, 過所多老´東林´吾弄草´何吾知等處, 歷孔州東流二十三里, 至沙次亇島, 分流五里許入海】愁濱江【在豆滿江北, 源出白頭山下, 北流爲蘇下江, 歷公險鎭´先春嶺, 至巨陽城, 東流一百二十里, 爲愁濱江, 至阿敏入海】四境, 東距海二十里, 西距鏡城豆籠耳峴四十里, 南距連海 堀浦十二里, 北距公險鎭七百里, 東北距先春峴七百餘里, 西北距吾音會石城基一百五十里˚
14) 『高麗史』「地理志」 삭방도 소속 42개 역
　　--지원(知遠)【화주(和州)】, 덕령(德嶺)【문주(文州)】, 장춘(長春)·통기(通歧)【장주(長州)】, 장창(長昌)【정주(定州)】--

다음으로 확인해봐야 할 것은 '선춘령'의 위치에 관한 기록이다. 『고려사』나 『고려사절요』에 기록된 선춘령은 당연한 고려의 영토였기 때문에 자연스럽게 기록을 하여 그 위치를 찾기가 어렵다. 그런데 조선시대에 들어와 명나라와 국경선 획정 과정에서 많은 분쟁이 일어났는데, 조선의 입장에서는 명나라를 설득할 필요가 있어 관련 자료들을 자세하게 정리하여 명나라에 보내고 있다. 이때 선춘령 가는 길이 아주 상세하게 기록되고 있다. 그 기록을 보면 다음과 같다.

④ 『세종실록』「지리지」 '경원도호부(慶源都護府)'
옛 공주(孔州)로서 혹은 광주(匡州)라고도 칭하는데, 오랫동안 호인(胡人)에게 점거(占據)되었었다. 고려의 대장(大將) 윤관(尹瓘)이 호인(胡人)을 몰아내고 공험진 방어사(公險鎭防禦使)를 두었다. 본조 태조(太祖) 7년 무인에 덕릉(德陵)과 안릉(安陵)이 있다고 하여 경원도호부로 승격시키고, 성(城)을 수축하기 위하여 땅을 파다가 인신(印信) 1개를 얻었는데, 그 새긴 글에 '광주 방어지인(匡州防禦之印)'이라고 되어 있었다. ----중   략--------
복호봉(伏胡峯)【부의 동쪽에 있는데, 본부 사람들이 진산(鎭山)으로 삼는다.】 대천(大川)은 두만강(豆滿江)【부(府)의 동북쪽에 있다. 그 근원이 백두산(白頭山)에서 나오는데, 동쪽으로 흘러서 동량북(東良北)으로부터 사지(舍知)·오음회(吾音會)·수주(愁州)·동건(童巾)·다온(多溫)·미전(迷錢) 등지를 지나 회질가(會叱家)에 이르고, 남쪽으로 흘러서 소다로(所多老)·동림(東林)·오롱초(吾弄草)·아오지(阿吾知) 등지를 거쳐 공주(孔州)를 지나고, 동쪽으로 23리를 흘러서 사차마도(沙次亇島)에 이르러 갈라져 5리 정도쯤 흘러서 바다로 들어간다.】과 수빈강(愁濱江)【두만강 북쪽에 있다. 그 근원은 백두산 아래에서 나오는데, 북쪽으로 흘러서 소하강(蘇下江)이 되어 공험진(公險鎭)·선춘령(先春嶺)을 지나 거양성(巨陽城)에 이르고, 동쪽으로 1백 20리를 흘러서 수빈강이 되어 아민(阿敏)에 이르러 바다로 들어간다.】이다. 사방 경계[四境]는 동쪽으로 바다에 이르기 20리, 서쪽으로 경성(鏡城) 두룽이현(豆籠耳峴)에 이르기 40리, 남쪽으로 연해(連海) 굴포(堀浦)에 이르기 12리, 북쪽으로 공험진에 이르기 7백 리, 동북쪽으로 선춘현(先春峴)에 이르기 7백여 리, 서북쪽으로 오음회(吾音會)의 석성기(石城基)에 이르기 1백 50리이다.15)

이 기록을 보면 선춘령은 경원도호부에서 동북쪽으로 7백여 리에 위치한다고 하여 현재의 두만강 동북 700여 리에 있다고 봐야 하는 것이다. 그렇다면 지금 두만강 이남에 선춘령이 위치한다고 알고 있는 것은 잘못된 것임을 알 수 있다.16)

이상으로 『삼국유사』, 『고려사』, 『조선왕조실록』에서 고려의 동북계와 서북계를 확인해보면 북으로는 현재의 두만강 넘어 700여 리의 공험진과 선춘령으로 국경을 삼았고, 서로는 현재의 압록강 건너였다는 것을 알 수 있다.

2. 차이나계 문헌 기록의 검토

차이나계의 만주 지역 관련 요·송·금·원·명과 현대 중국 학계의 기록들

---

15) 『世宗實錄』「地理志」
古孔州, 或稱匡州, 久爲胡人所據, 高麗大將尹瓘逐胡人, 置公險鎭防禦使 本朝太祖戊寅, 以有德陵 安陵, 陞爲慶源都護府, 修城堀地, 得印一顆, 其文曰: "匡州防禦之印" -----중 략---- 伏胡峯【在府東, 府人以爲鎭山】大川旧豆滿江【在府東北, 源出白頭山, 東流自東良北, 歷舍知 吾音會 愁州 童巾 多溫 迷錢等處, 至會叱家, 南流, 過所多老 東林 吾弄草 何吾知等處, 歷孔州東流二十三里, 至沙次亇島, 分流五里許入海】愁濱江【在豆滿江北, 源出白頭山下, 北流爲蘇下江, 歷公險鎭 先春嶺, 至巨陽城, 東流一百二十里, 爲愁濱江, 至阿敏入海】四境, 東距海二十里, 西距鏡城 豆籠耳峴四十里, 南距連海 堀浦十二里, 北距公險鎭七百里, 東北距先春峴七百餘里, 西北距吾音會石城基一百五十里
16) 이인철, 「고려 윤관이 개척한 동북 9성의 위치연구」 『압록과 고려의 북계』, 주류성, 2017.
참조: 본서 한성주의 논문을 참고하면 쉽게 이해가 될 것이다.

을 확인해보도록 하겠다. 대표적인 사료들은 『자치통감』, 『요사』, 『금사』, 『원사』, 『대명일통지』, 『선화봉사고려도경』(이하 『고려도경』), 『선화을사봉사금국행정록』(이하 『행정록』) 등등이다.

①『자치통감』의17) '혼동강' 위치

『자치통감』 권 제275, 「후당기」 4
거란주가 발해를 공격하여 그 부여성을 빼앗았다. 부여성은 당나라 때 고려(고구려)의 부여성이다. 고려왕 왕건이 나라를 세웠을 때, 혼동강을 경계로 하여 지켰으나 혼동강의 서쪽은 진출하지 못하였다. 옛 부여성은 발해국에 속하였는데, 혼동강은 곧 압록수이다.18)

이 기록을 보면 고려가 건국할 당시 거란과의 국경선은 혼동강(混同江)을 경계로 하고 있다. 또 혼동강은 즉 '압록수(鴨淥水)'라고 하였다.19) 이 압록수는 우리가 흔히 알고 있는 압록강(鴨綠江)과는 글자가 다르다. 그러므로 한글 발음이 같다고 하여 같은 강으로 보면 안 된다. 그렇다면 압록수(鴨淥水)라 불리는 혼동강이 어딘가 하는 것이다.20) 혼동강에 관한 관련 기록이 몇 개 있는데, 이 기록들을 확인해보면 적어도 지금의 압록강을 혼동강이라고 하지는 않고 있음을 알 수 있다([지도4] 참조). 그

---

17) 송나라 때 사마광이 송나라 황제의 통치를 위하여 쓴 책으로 기원전 5세기부터 송나라 때까지, 정치를 중심으로 쓴 책이다. 이 책에서 가장 많은 분량을 차지하고 있는 것이 고구려와 대(對) 차이나계의 관계로 고구려와 수·당 간의 전쟁 과정을 자세히 다루고 있다.
18) 『資治通鑑』 卷 第275, 「後唐紀」 4
    契丹主攻勃海, 拔其夫餘城, 即唐高麗之扶餘城也. 時高麗王王建有國, 限混同江而守之, 混同江之西不能有也, 故扶餘城屬勃海國 混同江即鴨淥水
19) 『삼국유사』 「흥법」 제3, '순도조려'에서 나오는 압록(鴨淥)과 같은 글자이다.
20) 이 글에서는 혼동강의 위치를 확인하는 것이 아니기 때문에 간단하게 위치 확인만 하도록 한다.

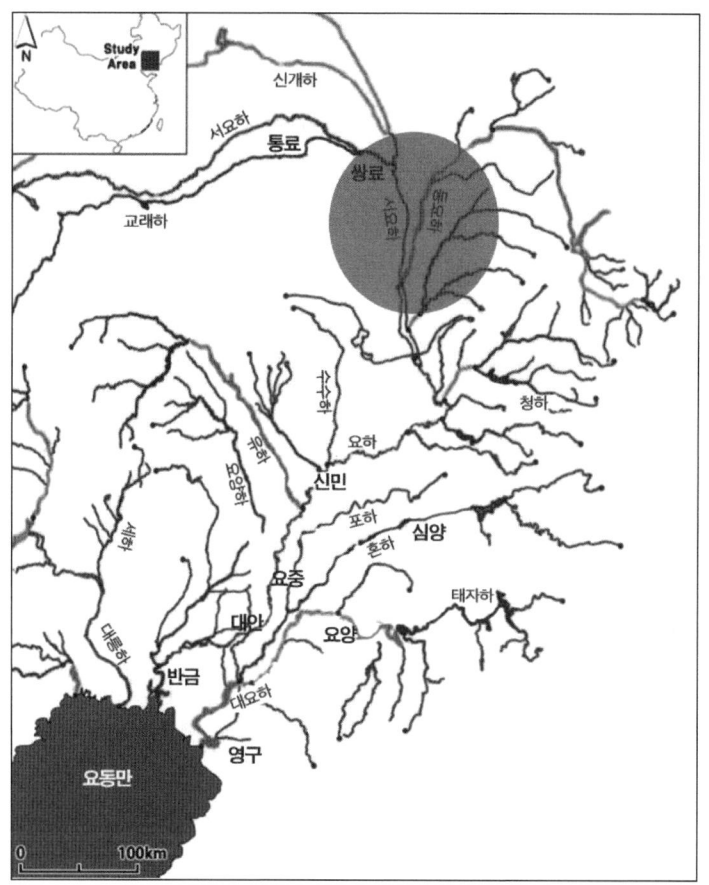

[지도4] 혼동강 유역 표시도

강 이름은 최근에 동요하와 송화강 유역 어딘가를 말하고 있다.21)

이 강의 명칭을 혼동강, 혹은 압록수라고 불렀다는 것은 고려에서 부르던 것과 거란에서 부르는 것이 달랐을 가능성을 말한다. 즉 고려는 압록

---

21) 수계는 어느 한 곳에서 시작하는 것이 아니라 여러 곳에서 시작한다. 그러므로 어느 특정한 지역으로 말하기는 어렵다. 그럼에도 불구하고 간혹 개인적으로 확인한 지역이 맞다고 주장하는 연구자들도 꽤 있는데, 정약용이 그 대표적인 예이다.

수로 불렀고, 거란은 혼동강으로 불렀을 것이다.22) 한 가지 부가하여 설명할 것은 혼동강이 즉 압록수라는 말은 두 강이 하나일 가능성과 두 강이 하나로 합쳐진다는 것을 말하는 것일 수도 있다. 남만주 지역의 수계도([지도4])를 보면 그럴 가능성이 충분하다.23)

② 『고려도경』 「영토(封境)」24)

1124년 북송의 서긍이 사신으로 고려를 다녀간 후 남긴 『고려도경』은 고려시대 당대의 기록으로, 고려국경에 관련하여서는 이와 비슷한 시기에 기록한 허항종의 『행정록』과 매우 비슷한 내용을 담고 있다.

『고려도경』 「영토(封境)」
고려는 남쪽으로는 요해(遼海)로 막히고, 서쪽으로는 요수(遼水)와 맞닿았으며, 북쪽으로는 옛 거란 지역과 접경하였고, 동쪽으로는 금[大金]과 맞닿아있다. 그리고 일본(日本)·유구(流求)·담라(聃羅)·흑수(黑水)·모인(毛人) 등의 나라와 개의 어금니처럼 서로 맞물려있다. 저 신라와 백제가 자신들의 영토를 제대로 지키지 못하여 고려 사람들에게 병합이 되었으니 현재의 나주도(羅州道)와 광주도(廣州道)가 여기에 해당된다. 고려는 우리 송(宋) 수도의 동북쪽에 위치하고 있으며 연산도(燕山道)에서 육로를 거친 다음 요수(遼

---

22) 같은 강이나 산을 다른 이름으로 부른 예는 많이 있다. 같은 강이나 산도 지역에 따라 다르게 이름을 붙이는 경우도 많이 있다. 예를 들면 요하는 안민강으로도 부르고, 압록강으로도 불렀다는 기록이 남아 있다.
23) 윤순옥(Yoon Soon-ock), 김효선(Kim Hyoseon), 지아지엔칭(Jia Jienqing), 복기대(Bok Gi-dae), 황상일(Hwang Sangill), 「중국 요하 하류부 고대 요택의 공간 분포와 Holocene 중기 이후 해안선 변화」, 『한국지형학회지』 Vol.24 No.1, 한국지형학회, 2017.
24) 『고려도경』은 북송의 사신이었던 서긍이 고려에 와서 보고 듣고 공부한 것을 정리한 책이다. 원래 그림과 같이 있었는데 그림은 없어지고 글만 남아 있다. 고려 전성기 때 당대의 기록으로 매우 믿음이 높은 기록이므로 반드시 참고해야 할 자료이다.

水)를 건너 고려국경까지 가는 데 모두 3,790리(里)이다. 해도(海道)로는 하북(河北)·경동(京東)·회남(淮南)·양절(兩浙)·광남(廣南)·복건(福建) 등이 있는데 모두 왕래가 가능하다. 지금 세워진 나라는 등주(登州)·내주(萊州)·빈주(濱州)·체주(棣州)와 정확하게 마주 보는 위치에 있다. 원풍(元豊) 연간 이래 우리 조정에서 사신을 파견할 때는 항상 명주(明州)의 정해(定海)에서 먼바다로 길을 잡아 북쪽으로 나아갔다. 배를 탈 때는 언제나 하지(夏至) 다음의 남풍(南風)을 탔으니 바람이 순조로우면 닷새도 안 돼 해안에 도착할 수 있다. 옛날에는 그 영토가 동서(東西)로는 2,000여 리, 남북(南北)으로는 1,500여 리였는데 현재는 신라와 백제를 병합하여 동북쪽이 약간 넓어졌고 서북쪽은 거란과 접해 있다. 전에는 요[大遼]와 경계를 이루었는데 나중에 침범을 당하게 되자 내원성(來遠城)을 쌓아 견고하게 하였다. 아울러 압록강을 의지하여 요새로 삼으려 하였다.25)

이 기록은 송나라가 '정강의 변'을26) 겪기 2년 전인 1124년의 기록으로 당시 수도는 현재 중국 하남성 개봉이었기에 이곳을 기준으로 작성한 것이다. 당시 서긍은 고려에 대해 매우 구체적인 공부를 하고 그 기록과 그림을 남겨 놓았는데 현재 그림은 없어졌다. 그런데 그는 그림을 그릴 때처럼 기록에도 상세히 범위를 밝혀놓고 있다. 즉 고려의 국경선에 '남으로는

---

25) 『高麗圖經』「封境」
  高麗南隔遼海, 西距遼水, 北接契丹舊地, 東距大金. 又與日本流求聃羅黑水毛人等國, 犬牙相制. 唯新羅百濟, 不能自固其圉, 爲麗人所幷, 今羅州廣州道是也. 其國, 在京師之東北, 自燕山道, 陸走渡遼, 而東之其境, 凡三千七百九十里. 若海道則河北京東淮南兩浙廣南福建, 皆可往. 今所建國, 正與登萊濱棣岸望. 自元豊以後, 每朝廷遣使, 皆由明州定海, 放洋絶海而北. 舟行皆乘夏至後南風, 風便不過五日, 卽抵岸焉. 舊封境, 東西二千餘里, 南北一千五百餘里, 今旣幷新羅百濟, 東北稍廣, 其西北與契丹接連. 昔以大遼爲界, 後爲所侵迫, 乃築來遠城, 以爲阻固. 然亦恃鴨綠, 以爲險也.
26) 정강(靖康)은 북송의 연호로 1126년에서 1127년 4월까지 사용하였다. 이때 일어난 일이라 '정강의 변(靖康之變)'이라 한다. 이는 1126년 송나라가 금나라에 패하고, 송나라 황제인 휘종과 흠종이 금나라에 사로잡혀갔고, 황하 이북의 송나라 영토를 금나라에 할양한 사건이다.

요해가 있고, 서로는 요수'라고 구체적으로 기록해놓았다. 이 요해가 지금의 발해라는 것에 대하여는 다른 의견이 없고, 요수라는 것도 현재의 요하를 말하는 것이다. 현재의 요하가 고려와 금나라의 국경선이라고 기록해놓은 것이다([지도5] 참조).

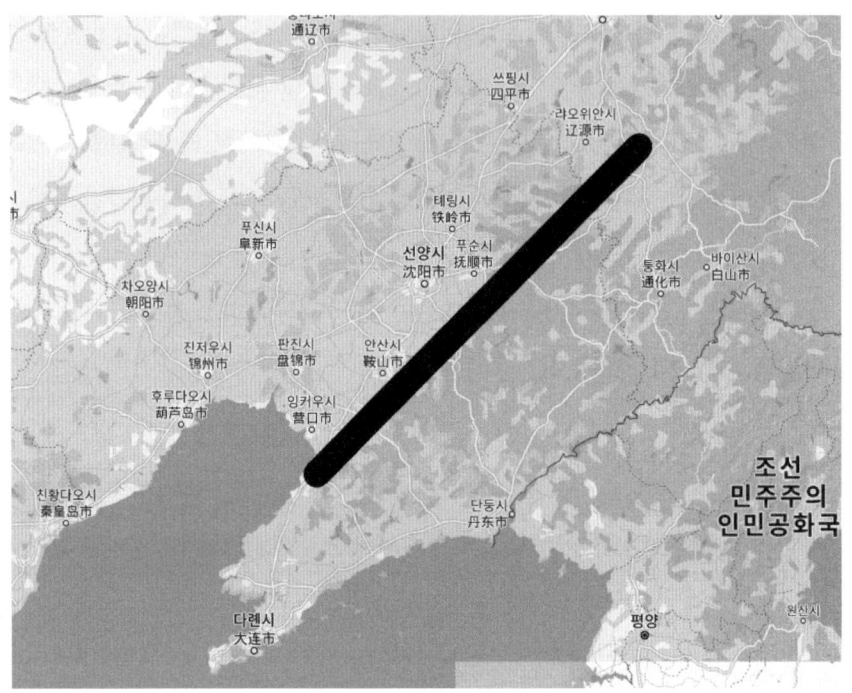

[지도5] 『고려도경』의 고려 서북계 표시도

③ 『송사(宋史)』27) 의 '매하(梅河)' 위치

매하는 고려군과 거란군이 맞닥뜨리면서 싸웠던 곳이다. 그러므로 이곳

---

27) 중국 송나라의 역사를 기록한 책이다. 원나라 중서우승상(中書右丞相) 탁극탁을 중심으로 7명의 총재관(總裁官)과 23명의 사관(史官)이 1343년에 저술을 시작하여 1345년에 완성하였다. 「본기(本紀)」 47권과 「지(志)」 162권, 「표(表)」 32권, 「열전(列傳)」 255권 총 496권으로 구성되어 있다.

은 거란과 고려의 접경지대였을 가능성이 크다. 그런데 거란이 침공한 것으로 기록되어 있는 것으로 보아 고려 땅이었을 가능성이 크다. 이 장소에 대하여 『고려사』는 언급하고 있지 않지만 『송사』에는 구체적으로 남아 있다. 그러므로 이 지역을 확인해보고자 한다.

『송사』 권487 「열전」246 외국3, '고려'

옹희(雍熙) 3년에 〈태종(太宗)이〉 --------------중 략-------------고려 사신 한수령(韓遂齡)이 와서 조공하자, 태종(太宗)이 여진(女眞)이 급변(急變)을 아뢴 목계(木契)를 한수령에게 보여주면서 본국으로 돌아가거든 사로잡은 백성을 돌려보내도록 명령하였다. 왕치(王治)가 태종의 명령을 듣고는 두려워하다가 한국화(韓國華)가 이르자 사람을 시켜 한국화에게 말하기를, '지난해 겨울 끝에 여진이 급하게 목계(木契)를 갖고 와서 거란이 군대를 일으켜 여진의 땅에 침입하였는데 고려가 아직 알지 못할까 걱정되니 마땅히 미리 준비하라.'고 하였다. 고려와 여진이 비록 이웃 나라이지만 길이 멀고 저들의 진심과 거짓은 본래 잘 알고 있으며 저들은 탐욕스럽고 거짓이 많아 믿을 수 없었다. 그 뒤에 다시 사람을 보내와 '거란 군대가 이미 매하(梅河)를 건넜습니다.'라고 알려왔다. 고려는 오히려 거짓으로 의심하여 구원을 보낼 겨를이 없었다. 얼마 있다가 거란이 구름처럼 모여 여진을 크게 공격하여 죽이거나 사로잡은 것이 매우 많았고 나머지 무리들이 흩어져 도망치고 거란이 그들의 뒤를 쫓아 사로잡는데, 고려의 서북쪽 덕창(德昌), 덕성(德成), 위화(威化), 광화(光化)의 땅까지 이르러서 사로잡아서는 가버렸다. 이때 거란의 기병 한 명이 덕미하(德米河)의 북쪽에 와서는 큰 소리로 관성(關城)의 수졸(戌卒)에게 말하기를, '나는 거란의 기병으로, 여진이 우리 변방을 노략질하는 것을 일삼았다. 지금 복수를 끝냈으므로 병사를 정리하여 돌아갈 것이다.'라고 하였다. 고려는 비록 군대가 물러났다고 들었지만 여전히 예측하지 못한 일이 있을까 하여 거란의 군사를 피해온 여진 2천여 명에게 식량을 주어서 돌려보냈다. 여진이 다시 고려에게 매하(梅河)의 요해지인 나루터에 성보를 쌓아 거란을 막을 대비를 하라고 권고하였기에, 또한 옳다고 여겼다. 바야흐로 때를 살펴서 공사를 하려는데 예기치 않게 여진이 군사를 숨겨 갑자기 들이닥쳐서는 고려의 이민(吏民)을 죽이고 장정을 사로잡아 노예로 삼고서는 다른 지방으로 돌려보내 버렸다. 그러나 여진이 해마다 중국에 조공하므로 감히 병사를 내어 원수를 갚지 않았는데, 어찌 도리어 무고를 하여 성덕(聖聽)을 미혹하리라 기대하였겠는가. 고려[當道]는 대대로 정삭(正朔)을 받고 조공을 닦아왔으니, 어찌 감히 두 마음이 있어 외국과 서로 통하겠는가? 하물며 거란(契丹)은 요해(遼海)의 밖에 살고 있으며, 다시 대매하(大梅河)와 소매하(小梅河)의 두 강의 험한 지형이 있으며, 여진(女真)과 발해(渤海)는 본래 일정한 거처가 없으니, 고려가 무슨 길을 따라 거란과 오가며 통하겠는가? 갑작스레 참소를 당해 울분이 가슴에 가득하다. 해와 달은 매우 밝으니 분명히 살피기를 바라오.28)

이 기록은 조금 복잡한 내용을 담고 있으나 요지는 거란과 여진의 전쟁에서 고려의 처신에 대한 기록이다. 고려가 매하에 성을 쌓아 거란을 방비해야 할 필요성이 대두되어 '대매하', '소매하'를 근거로 방어선을 설치

---

28) 『宋史』 卷487 「列傳」 246 外國3, '高麗'
〈雍熙〉三年, 出師北伐, ----- 洎高麗使韓遂齡入貢, 太宗因出女真所上告急木契以示遂齡, 仍令歸白本國, 還其所俘之民. 治聞之憂懼, 及國華至, 令人言於國華曰, '前歲冬末, 女真馳木契來告, 稱契丹興兵入其封境, 恐當道未知, 宜豫為之備.' 當道與女真雖為隣國, 而路途迂遠, 彼之情偽, 素知之矣, 貪而多詐, 未之信也. 其後又遣人告曰, '契丹兵騎已濟梅河.' 當道猶疑不實, 未暇營救. 俄而契丹雲集, 大擊女真, 殺獲甚眾, 餘族敗散逃遁, 而契丹壓背追捕, 及于當道西北德昌・德成・威化・光化之境, 俘擒而去. 時有契丹一騎至德米河北, 大呼關城戍卒而告曰, '我契丹之騎也. 女真寇我邊鄙, 奉以為常. 今則復仇已畢, 整兵回矣.' 當道雖聞師退, 猶憂不測, 乃以女真避兵來奔二千餘眾, 資給而歸之. 女真又勸當道控梅河津要, 築治城壘, 以為防遏之備, 亦以為然. 方令行視興功, 不意女真潛師奄至, 殺略吏民, 驅掠丁壯, 沒為奴隸, 轉徙他方. 以其歲貢中朝, 不敢發兵報怨, 豈期反相誣構, 以惑聖聽. 當道世稟正朔, 踐修職貢, 敢有二心, 交通外國? 況契丹介居遼海之外, 復有大梅・小梅二河之阻, 女真・渤海本無定居, 從何徑路, 以通往復? 橫罹譏謗, 憤氣填膺. 日月至明, 諒垂昭鑒.

한다는 것이다. 그렇다면 이 매하의 위치는 어디인가? 매하라는 지명은 한반도에는 없을 뿐만 아니라 매하로 추정되는 곳도 없다. 그러므로 한반도 이외의 지역에서 확인을 해봐야 한다. 확인해본 결과 이 매하라는 강은 현재 중국 길림성 중·남부 지역에 남아 있는 강이었다. 당시 지명과 현재의 지명이 일치하느냐 하는 문제가 있으나 고려의 서계(西界)를 기록한 『자치통감』의 혼동강이나 『고려도경』의 요하와 멀지 않은 곳에 이 매하가 위치해 있어야 된다. 그 이유는 일반적으로 전투는 접경지역에서 벌어지기 때문이다. 그러므로 다른 기록들과 비교하여 고증해 볼 때, 매하 위치는 현재 길림성 중·남부 지역의 매하로 보는 것이 합당하다고 본다. 그 위치를 지도로 그려보면 다음과 같다([지도6]).

[지도6] 매하 위치 추정도

④ 『요사』의 고려와의 국경 관련 기록

대부분의 차이나계 역사 기록들은 국경에 관한 기록을 구체적으로 기록하고 있다. 그러므로 이를 잘 활용할 필요가 있다. 요나라의 동계는 고려의 서계가 되므로 요나라의 동계를 기록하는 과정에서 고려와의 관계를 언급하고 있다. 그러므로 요나라가 어떻게 동쪽으로 진출하였는지를 확인해보도록 한다.

❶ 상경도(上京道)

장춘주(長春州) 소양군(韶陽軍): 하등 주로, 절도사를 두었다. 본래 압자하(鴨子河: 혼돈강의 옛 이름)의 봄 사냥터였다. 흥종 중희 8년(1039)에 주를 두었다. 연경궁에 예속되었으며 군사에 관한 일은 동북통군사 소속이다. 1개 현을 거느렸다.

장춘현(長春縣): 본래 혼동강(混同江) 지역이다. 연주와 계주의 범죄자를 이곳에 유배시켰다. 호수는 2천이었다.29)

이 기사를 보면 '압자하'가 기록되어 있는데 이 압자하는 혼동강의 옛 이름이라 하였다. 즉 『자치통감』에서 말하는 혼동강과 같은 것이다. 사마광은 『자치통감』에서 이 혼동강이 고려와 국경이었다고 기록하고 있다. 또한 한국의 『고려사』를 보면 이 장춘주가 윤관이 여진을 토벌하는 과정에서 묵었던 곳일 가능성이 크다.30)

---

29) 『遼史』 「地理志」 上京道
   長春州, 韶陽軍, 下, 節度. 本鴨子河春獵之地. 興宗重熙八年置. 隷延慶宮. 兵事隷東北統軍司. 統縣 一: 長春縣. 本混同江地. 燕 薊犯罪者流配於此. 戶二千.
30) 『高麗史』 「列傳」 第九
   瓘·延寵, 至東界, 屯兵于長春驛.

이 기록과 함께 금나라의 기록에도 장춘 관련은 금나라 영역에서 확인 되는 것을 볼 수 있다.31) 이와 관련한 기록 중에는 고려의 장춘과 요나라의 장춘이 같은 것인가 하는 의문을 제기할 수 있는 것도 있다. 이 문제를 여기서 모두 다룰 수는 없다. 다만 윤관의 출병은 고려 서경에서 시작한다. 필자는 당시 고려 서경을 현재 중국 요녕성 환인 지역으로 비정을 하였다.32) 그러므로 환인이 서경이 된다면 장춘은 절대로 현재 한국의 동해안이 될 수가 없다. 한국의 『고려사』와 차이나계의 사료를 간단히 비교 분석한 결과 고려 시기에 고려는 현재 만주 지역으로 진출했음을 알 수 있다.

❷ 동경도(東京道)

Ⓐ 보주(保州) : 절도사가 다스린다. 고려가 주를 설치하였으며, 옛날에 현이 하나 있었는데 그 이름은 내원현(來遠縣)이다. 성종이 고려의 왕순(王詢)이 제멋대로 왕위에 올랐다 하여 그 죄를 물었으나 듣지 않다가, 통화 말년에 항복하자, 개태(開泰) 3년(1014)에 그 나라의 보주(保州)와 정주(定州)를 차지하고 그곳에 각장(榷場:무역소)을 설치하였다. 동경통군사에 예속되었

---

31) 『金史』卷二十四, 第五 地理 上, 北京路
태주(泰州)는 덕창군(德昌軍) 절도사를 두었다. 요나라 때 거란 20부족의 목장(牧場)이었으나 해릉·정륭 연간에 덕창군을 설치하여 상경(上京)에 예속시켰고, 대정 25년(1185)에 이를 폐지하였다. 승안 3년(1198)에 다시 장춘현(長春縣)을 설치하였으며, 예전의 태주를 금안현(金安縣)으로 삼고 본주에 예속시켰다. [북쪽으로 변방까지 4백여 리이며, 남쪽으로 의주(懿州)까지 8백 리이며, 동쪽으로 조주(肇州)까지 2백 50리였다.] 호수는 3천 5백 4호였다. 1개의 현이 있고, [예전에 금안현(金安縣)이 있었는데 승안 3년에 설치하였다가 얼마 후에 폐지되었다.] 19개의 보(堡)가 있으니:
장춘(長春) [요나라 장춘주(長春州) 소양군(韶陽軍)으로, 천덕 2년에 강등되어 현이 되어 조주(肇州)에 예속되었고, 승안 2년에 본주에 귀속되었다. 달로고하(撻魯古河)와 압자하(鴨子河)가 있다. 별리불천(別里不泉)이 있다.]
32) 복기대, 「고구려 '황성' 시대에 대한 고찰」, 『Asia-pacific Journal of Multimedia Services Convergent with Art, Humanities and Sociology』 Vol6,No1, 2016, pp.393~408.

다. 주와 군 2, 현 1을 거느린다.33)

Ⓑ 내원현(來遠縣) : 처음에 요서 지역 여러 현의 백성들을 옮겨 살게 하고, 또 해(奚)와 한(漢)의 군사 7백 명을 옮겨 방수(防戍)하게 하였다. 호수는 1천이었다.34)

Ⓒ 내원성(來遠城) : 본래 숙여직(熟女直) 땅이었다. 통화(983~1011) 연간에 고려를 정벌하였는데, 연군(燕軍)이 날쌔고 용감하므로 두 지휘사를 설치하고 성을 쌓아서 방수(防戍)하게 하였다. 군사 관계의 일은 동경통군사 소속이다.35)

Ⓓ 정주(定州) : 고려 때 주를 설치하였다. 옛날에 현이 하나 있었다. 그 이름은 정동현(定東縣)이다. 성종 통화 13년(995)에 군으로 승격시키고, 요서의 백성들을 옮겨 살게 하였다. 동경유수사에 예속되었다. 1개 현을 거느렸다.36)

Ⓔ 정동현(定東縣) : 고려가 설치하였으며, 거란이 요서의 백성들을 이곳에 옮겨 살게 하였다. 호수는 8백이었다.37)

Ⓕ 신주(信州) : 하등의 주로, 절도사가 다스렸다. 본래 월희의 옛 성이었다. 발해가 회원부(懷遠府)를 설치하였으나 지금은 폐지되었다. 성종은 이 땅이 고려와 이웃하고 있다 하여 개태 초년(1012)에 주를 설치하고 포로로 잡은 한나라 민호로 채웠다. 병사에 관한 일은 황룡부도부서사(黃龍府都部署司)

---

33) 『遼史』「地理志」東京道
保州, 宣義軍, 節度 高麗置州, 故縣一, 曰來遠 聖宗以高麗王詢擅立, 問罪不服, 統和末, 高麗降, 開泰三年取其保 定二州, 於此置榷場 隸東京統軍司 統州 軍二, 縣一
34) 『遼史』「地理志」東京道
來遠縣 初徙遼西諸縣民實之, 又徙奚 漢兵七百防戍焉 戶一千
35) 『遼史』「地理志」東京道
東京道來遠城 本熟女直地 統和中伐高麗, 以燕軍驍猛, 置兩指揮, 建城防戍. 兵事屬東京統軍司.
36) 『遼史』「地理志」東京道
定州, 保寧軍. 高麗置州, 故縣一, 曰定東. 聖宗統和十三年升軍, 遷遼西民實之. 隸東京留守司. 統縣一
37) 『遼史』「地理志」東京道
定東縣. 高麗所置, 遼徙遼西民居之 戶八百

소속이다. 3개 주를 거느렸으나 미상이고 2개의 현이 있다.38)

Ⓖ 영주(寧州) : 관찰사가 다스린다. 통화 29년(1011)에 고려를 정벌하고 발해의 항복한 민호로 설치하였다. 병사에 관한 일은 동경통군사 소속이다. 1개 현을 거느린다.39)

Ⓗ 귀주(歸州) : 관찰사가 다스린다. 태조가 발해를 평정하고 항복한 민호로 설치하였다가 나중에 폐지되었다. 통화 29년(1011)에 고려를 정벌하고 포로로 잡은 발해의 민호로 다시 설치하였다. 병사에 관한 일은 남여직탕하사 소속이다. 1개 현을 거느린다.40)

이 중 Ⓕ를 보면 신주가 고려 땅과 이웃하고 있다고 기록해놓았다. 이 신주에 대하여 금나라 때 지도에는 오늘날 중국 요녕성 개원 부근으로 그려져 있다([지도7]). 이런 기록들을 참고해 볼 때 요나라의 동쪽 국경선은 오늘날 요하를 중심으로 하여 요동반도 중부지역에서 동쪽 바다 방향으로 그려질 수 있을 것이다.41) 그렇다면 당시 요하 유역은 고려와 거란이 공유하고 있었던 것으로 볼 수 있다. 고려와 거란이 개원 부근의 요하 유역을 공유했다면 『요사』 「지리지」 '동경도'에 기록된 거란과 고려의 관계는 신주와 같은 맥락으로 봐야 할 것이다. 그러므로 요나라 때 이곳은 고려와 접경지역으로 볼 수 있는 것이다.

---

38) 『遼史』 「地理志」 東京道
信州, 彰聖軍, 下, 節度 本越喜故城 渤海置懷遠府, 今廢 聖宗以地鄰高麗, 開泰初置州, 以所俘漢民實之 兵事屬黃龍府都部署司 統州三, 未詳;縣二:
39) 『遼史』 「地理志」 東京道
寧州, 觀察 統和二十九年伐高麗, 以渤海降戶置 兵事隸東京統軍司 統縣一:
40) 『遼史』 「地理志」 東京道
歸州, 觀察 太祖平渤海,以降戶置, 後廢 統和二十九年伐高麗,以所俘渤海戶復置 兵事屬南女直湯河司 統縣一:
41) 복기대, 「중국학계의 거란 東쪽 국경에 인식에 對하여」, 『선도문화』 제14권, 2013, pp.361~393.

[지도7] 『추리도』 상의 '함주, 신주' 표시도

⑤ 『금사』「지리지」

『금사』「지리지」에 의하면 금나라는 고려와 이웃한 나라이다. 이 나라는 고려에 복속했던 여진족이 고려인 김함보를 세워 건국한 나라이다. 금나라 영역에 대해 지금까지 인식되고 있는 것은 한반도 중부 이북 지역이 금나라 영역이라는 것이다. 그러나 『금사』의 기록을 보면 금나라와 고려는 동서로 국경선을 맞대고 있는 것을 알 수 있다.

❶ 금(金)의 강역

『한서(漢書)』를 논하고 장중가에게 말하기를 "한나라의 강계가 7·8천 리에 불과하였고 지금 우리나라 땅의 넓이는 1만 리이니 광대하다 말할 수 있다."라고 하였다. 장중가가 말하였다. "본조(本朝)의 강토가 비록 광대하나 천하에는 4명의 군주가 있으니 남쪽에는 송나라가 있고, 동쪽에는 고려가 있고, 서쪽에는 하나라가 있으니 만약 그들을 통일할 수 있다면 이에 광대하다고 할 수 있을 따름입니다."42)

❷ 『금사』「본기」, 태종 4년 '보주'

6월에 고려 사신이 표문을 받들고 와서 번국(蕃國)이라 칭하였으니 우악(優渥)한 조서를 내려 답하고, 곧이어 보주(保州) 지역을 하사하였다. 7월에 고백숙(高伯淑)·오지충(烏至忠)을 고려의 사신으로 파견하였다.43)

❸ 『금사』「지리」상, 동경로, '해란로'

해란로(海蘭路) 총관부(總管府)를 두었다. 정원(貞元) 원년(1153)에 총관(總管)을 바꾸어 윤(尹)으로 삼고, 본로(本路) 병마도총관을 겸임하도록 하였다. 승안 3년(1198)에 병마부총관을 두었다. [예전부터 해총(海葱)을 공물로 바쳤었는데 대정 27년(1187) 폐지하였다. 이록고수(移鹿古水)가 있다.–서북쪽으로 상경(上京)까지 거리가 1천 8백 리이고, 동남쪽으로 고려(高麗)까지 경계가 5백 리이다–.44)

---

42) 『金史』卷二十四,「志」第五 地理 上 上京路
入便殿侍坐海陵與仲軻論漢書謂仲軻曰漢之封疆 不過七八千里今吾國幅員萬里可謂大矣仲軻曰本朝疆土雖大而天下有四主南有宋東有高麗西有夏若能一之乃為大
43) 『金史』「本紀」, 太宗 四年 '保州'
44) 『金史』卷二十四,「志」第五 地理 上 上京路
海蘭路置總管府貞元元年改總管為尹仍兼本路兵馬都總管承安三年設兵馬副總管舊貢海葱大定二十七年
罷之有伊勒呼水西北至上京一千八百里東南至高麗界五百里

❹ 『금사』 「고려전」

15년(1175) 고려의 서경유수(西京留守) 조위총(趙位寵)이 호를 배반하고 서언(徐彦) 등 96명을 우리 조정에 파견하여 표를 올려 아뢰기를… 황상이 사신이 범한 죄는 엄중하지만 그냥 본국으로 돌려보내도록 하였다.45)

❺ 『금사』 「지리」 상, 동경로

심주에 속한 다섯 개 현은 낙교(樂郊), 장의(章義), 요빈(遼濱), 읍루(邑樓), 쌍성(雙城)으로서 쌍성은 심주에 속하였다.46)

이 기록 ❶에는 금나라의 동쪽에 고려가 있다는 기록을 남기고 있다.
기록 ❷에는 보주를 고려에 주었다는 기록이 나오는데 이 보주는 요나라 때도 고려와 늘 문제가 되었던 땅이다. 보주의 위치는 요나라 때와 같은 지금의 요하 유역으로 추정되는데, 그렇다면 금나라 때도 같은 위치로 볼 수 있는 것이다. 여기에서는 언급하지 않았지만 고려는 요나라 때부터

---

45) 『金史』 卷二十四, 「列傳」 外國 下 高麗
高麗西京留守趙位寵叛晧遣徐彦寧等九十六人上表曰前王本非避讓大將軍鄭冲夫郎將李義方實弑之臣位寵請以慈悲嶺以西至鴨綠江四十餘城內屬請兵助援上曰王晧已加封冊位寵輒敢稱兵為亂且欲納土朕懷撫萬邦豈助叛臣為虐詔執彦寧等送高麗頃之王晧定趙位寵之亂遣使奏謝自位寵之亂晧所遣生日回謝橫賜回謝賀正旦進春萬春節等使皆阻不通至是晧并奏之詔答其意其合遣人使令節次入朝十七年賀正旦禮物玉帶乃石似玉者有司請移問上曰彼小國無能識者誤以為玉耳不必移問乃止十二月

46) 『金史』 卷二十四, 第五 地理 上, 東京路
심주(瀋州)는 소덕군(昭德軍)으로 자사를 두었고 중등의 주(州)에 해당된다. 본래 요나라 정리부(定理府) 지역이었으나 요나라 태종 때 군(軍)을 두고 흥요군(興遼軍)이라고 불렀으며 후에 소덕군(昭德軍)이라 하였고, 절도사를 두었다. 명창(明昌) 4년(1193)에 자사주(刺史州)로 변경하였고, 통주(通州)·귀덕주(貴德州)·징주(澄州) 3곳이 모두 동경(東京)에 예속되었다. 호수는 3만 6천8백 92호였다. 5개의 현이 있으니:
낙교(樂郊) [요나라 태조가 삼하(三河)의 백성을 포로로 삼아서 이곳에 삼하현(三河縣)을 세웠는데 후에 지금의 이름으로 바꾸었다. 혼하(渾河)가 있다.]
장의(章義) [요나라 때 광주(廣州)였고, 황통 3년(1219)에 투항하여 현이 되었다. 요하(遼河)·동량하(東梁河)·요하대구(遼河大口)가 있다.]
요빈(遼濱) [요나라의 옛 요주(遼州) 동평군(東平軍)으로 요나라 태종이 시평군(始平軍)으로 변경하였는데 황통 3년에 폐지하고 현이 되었다. 요하(遼河)가 있다.]

금나라 때까지 보주를 어떻게든 확보하려고 총력을 기울이고 있었다. 금나라 때 보주가 금나라에 귀속되었는데 고려는 이를 되찾기 위하여 많이 노력하고 있다. 결국 고려가 다시 보주를 되찾았다는 것이다.47)

❸은 해란로의 행정구역을 말하는데 이 해란로의 치소에서 서북쪽으로 상경까지 1,800리 이고, 동남쪽으로 고려까지 500리라는 것이다. 그렇다면 이 해란로는 금나라 수도인 상경에서부터 시작하여 고려와 국경을 접하는 곳까지 2,300리를48) 관할 하는 행정기구가 된다. 그러므로 이 거리의 동남쪽 경계인 고려의 서북계가 어디쯤 될 것인가 하는 것이 문제이다. 전통 시대의 거리 측정은 오늘날같이 고속도로의 거리를 기준으로 삼는 것이 아니고, 수레가 다닐 수 있는 길로 하기 때문에 산이나 넓은 물은 피하므로 지금의 거리와는 큰 차이가 난다. 이런 길을 따라서 현재 중국 흑룡강성 아성에서 동남쪽으로 2,300리를 와야 하는 것이다. 그렇다면 지금 고속도로나 차도를 따라 오는 것보다는 훨씬 멀다. 그러므로 당시 해란로의 동남쪽 종점이 지금의 압록강까지나 두만강까지는 올 수 없다는 것을 알 수 있다.

❹의 기록은 1175년 고려 서경유수 조위총이 반란을 일으키고, 서경 이북 땅을 금나라에 바치고 항복하고자 하였으나 금나라의 거부로 실패한 사건이다. 이 기록으로 말미암아 역사학계 대부분이 고려의 서경을 지금의 평양으로 인식하고 금나라 영토가 지금의 압록강을 경계로 하였다는 하

    읍루(挹樓) [요나라의 옛 흥주(興州) 흥중군(興中軍) 상안현(常安縣)으로 요나라가 일찍이 이곳에 정리부(定理府) 자사(刺史)를 두었다. 본래 읍루(挹樓)의 옛 지역이었으므로 대정 29년에 장종이 읍루현(挹樓縣)으로 이름을 변경하였다. 범하(范河)·청하(淸河)가 있는데 금나라 말로는 고외필랄(叩隈必剌)이라고 한다.]

    쌍성(雙城) [요나라 쌍주(雙州) 보안군(保安軍)으로 황통 3년에 강등되어 현이 되었다가 장종 때 폐지되었다.]
47) 윤한택, 『고려국경에서 평화시대를 묻는다』, 더 플랜, 2018년.
48) 이 거리는 지금의 거리로 따지면 약 1,150km이다. 그런데 금나라의 이정(里程)은 지금과 차이가 있어 지금보다 길지는 않다.

나의 근거로 삼고 있기도 하다. 그러나 필자는 고려 서경을 오늘날 중국 요녕성 환인현으로 보았고,49) 윤한택은 중국 요녕성 요양으로 보았다.50)

이 두 견해는 지역적으로 약간 차이가 있지만 공통적인 것은 고려 서경이 한반도 안에 있지 않다는 것이다. 이 견해들을 근거로 하여 고려와 금나라의 접경지대를 추정해보면 지금의 중국 요녕성 중, 북부지역이거나 길림성 중남부가 될 것이다. 즉 조위총이 금나라에 바치고자 하였던 땅은 지금 평양 북부 지역이 아니고, 중국 길림성과 요녕성 경계 지역 어딘가로 봐야 할 것이다.

❺의 기록은 금나라 심주에 속한 현 중에 '쌍성'이 있다는 기록이다. 쌍성이란 개념은 두 개의 성이라는 것이다. 고려 중기 윤관이 여진을 토벌하고 아홉 곳에 성을 쌓자 여진족들도 그 성 앞에 성을 쌓은 것이 쌍성의 시작으로 보인다. 쌍성은 곳곳에 있을 수 있다. 그러므로 어디를 꼽아서 쌍성이라 하였는지 알 수 없다. 그러나 행정 치소는 한 곳에 설치하였을 것이고, 그곳은 큰 변화가 없었을 것으로 본다. 금나라의 쌍성 치소는 원나라 때도 계속 이어졌을 것으로 보이는데, 원나라는 금나라의 행정구역을 대부분 그대로 사용하였기 때문이다. 이 쌍성의 위치에 대하여 학계에서는 지금의 한반도 원산만 일대로 보고 있다. 그런데 이 기록에서는 금나라 심주에 속한다고 하였다. 금나라 때 심주의 위치가 구체적으로 어디를 말하는지 아직 확실하게 알 수는 없지만 금나라 관리 왕적이 심주에 고구려 평양성이 있었다고 하는 것을 보면 심주는 아마도 지금 중국 요녕성 심양 지역을 중심으로 한 지역이 아닌가 한다. 왜냐하면 고구려의 평양성

---

49) 복기대, 「고구려 '황성' 시대에 대한 시론」, 『Asia-pacific Journal of Multimedia Services Convergent with Art, Humanities and Sociology』 Vol.6 No.1, 2016, pp.393~408.
50) 윤한택, 『고려국경에서 평화시대를 묻는다』, 더 플랜, 2018.

은 두 곳이 확인되는데 동천왕의 평양은 지금의 환인 지역이고, 장수왕의 평양은 지금의 요양에 있었기 때문이다.51) 이 두 곳은 큰 틀에서 보면 지금의 심양과 먼 거리가 아니다. 그렇다면 쌍성은 절대로 현재의 한반도 원산만 지역으로 볼 수 없는 것이다.

이 기록들은 대부분이 고려와 금나라의 국경선 문제를 거론하고 있는데, 기록의 대부분은 현재 만주 지역의 요하와 관련지어 말하고 있는 것을 볼 수 있다. 이런 맥락에서 볼 때 다음 몇 가지가 설명이 된다.

첫째, 금나라의 동쪽에 고려가 있었다는 기록은 바로 현재 요하 유역을 기준으로 동쪽이라 했을 가능성이 크다는 것이다.

둘째, 서경유수 조위총이 반란을 일으켜 서경 이북 40여 성을 들고 금나라에 항복하겠다는 것은 현재의 중국 요녕성 환인 서쪽 지역의 성을 말하는 것으로 보이는데 이는 환인에서 요하 사이의 땅을 말하는 것으로 볼 수 있다. 물론 금나라가 거부하여 없었던 일로 정리가 되었다.

셋째, 쌍성의 위치 관련이다. 통상 쌍성은 북한의 함경남도 지역 어디로 비정을 하는데, 당시 고려와 금이 요하 유역을 경계로 하고 있다면 어떻게 쌍성이 현재 한반도 지역으로 올 수 있는가 하는 점이다. 그렇다면 금나라 때도 요하 유역은 고려와 접경지역이 되는 것이다.

⑥ 허항종 행정록

북송 말엽 송나라는 금나라로부터 큰 압박을 받는 형편이었다. 어떻게

---

51) 복기대, 『韓國古代史の正体』, 2018, えにし書房.

하든 금나라의 비위를 거스르면 안 되었기 때문에 송나라는 대금 외교에 많은 신경을 썼다. 송나라는 금나라 황제의 생일에 축하 사신을 보냈는데, 이 사신단 중 한 사람이었던 허항종이 그 여정을 기록하였다. 기록의 형식을 보면 하루하루 날짜마다 이동한 거리와 그 지역의 특징을 기록하였는데 원문이 그대로 남아 있어 당시 만주 지역을 연구하는 데 매우 중요한 자료로 활용되고 있다. 이 일정 가운데 고려와 국경선을 확인할 수 있는 두 개의 기록이 남아 있다. 이 기록은 서긍의 『고려도경』과 거의 같은 시기의 기록이기 때문에 믿음이 높은 기록이다. 그러므로 한국 중세사를 연구할 때 매우 중요한 자료라고 볼 수 있다.

Ⓐ 29일차 일정

함주를 떠나 즉시 북으로 갔는데, 소재주의 땅이 평탄하고 기름져 거주민들이 곳곳(所在)에 취락을 이루고 있다. 새로운 경작지가 두루 펴져있고 땅은 곡물을 심기에 적당하다. 동으로 멀리 천산(天山)이 있는데 금나라 사람들은 이를 신라산이라 부르며 산 안이 깊고 멀어 다닐 수 있는 길이 없다. 그곳에서 인삼과 백부자(白附子)가 산출되며 깊숙한 곳은 고려와 경계를 접한다. 산 아래에 다닐 만한 길에 이르기까지 30리 정도이다.52)

Ⓑ 35일차 일정

만칠에서 떠나 60리를 가면 바로 고오사채(古烏舍寨)로 (고오사)채는 혼동강의 물가를 베고 누웠으며 그 (강의) 근원은 광한(廣漢)의 북쪽에서 오는데 멀어서 정확히는 알 수 없다. 이로부터 남으로 500리를 흘러 고려 압록

---

52) 『宣和乙巳奉使金國行程錄』 29일차 일정
　　離咸州即北行, 州地平壤, 居民所在成聚落. 新稼殆遍, 地宜種黍. 東望天山, 金人雲彩, 此新羅山, 山內深遠, 無路可行. 其間出人參 白附子, 深處與高麗接界. 山下至所行路可三十里.

강과 접해 바다로 들어간다. 강의 너비는 반 리 남짓이라 할 수 있으며 채의 앞 높은 언덕기슭에는 버드나무가 있고 길을 따라 사행들을 위한 장막을 설치하여 머무를 수 있도록 했다. 금나라 사람들의 태사(太師) 이정(李靖)이 여기에 있었는데 (이)정은 여러 차례 송나라(南朝)에 사신으로 왔다. 여기에 중간에 쉴 곳을 배치하였는데 이 때문에 음식이 정교하고 맛이 뛰어났다. 당시는 한창 더운 여름(仲夏)이라 나무 그늘에 깔고 앉아 긴 강을 구부려 바라보았는데 서늘한 회오리바람에 얼굴이 떨렸다. 책상다리를 하고서 잠시나마 말 타는 수고로움을 잊어버릴 수 있었다. 강을 넘어 40리에 화리간채(和里間寨)에 숙박하였다.53)

이 두 기록을 분석해보면 다음과 같다.

첫째, 29일차 일정에서 함주에서 북으로 올라가면서 동편에 있는 큰 산을 바라보며 그 산이 신라산이고, 그 산 중에 고려와 금나라의 국경선이 있다고 하였다. 이 산은 아마도 지금의 장백산맥의 서쪽 여맥이 아닌가 싶다. 이 산은 과거에는 합달령이라고 불리기도 하였고, 장백산이라고 불리기도 하였다. 이 지역은 여진의 본거지이기도 하다.

둘째, 함주가 어딘가 하는 것이다. 함주가 지금의 중국 요녕성 철령시 일대라는 것은 많은 기록과 당시 지도([지도7])에도 나와 있기 때문에 별다른 의견이 없다. 금나라 때 북쪽의 행정구역은 요나라 때와 큰 차이가 없다. 그러므로 고려와 국경을 맞대고 있었던 요나라의 '신주'나 '함

---

53) 『宣和乙巳奉使金國行程錄』 35일차 일정
自漫七離行六十里即古烏舍寨. 寨枕混同江湄. 其源來自廣漢之北. 遠不可究. 自此南流五百里. 接高麗鴨綠江入海. 江面闊可半里許. 寨前高岸有柳樹. 沿路設行人幕次於下. 金人太師李靖居於是. 靖累使南朝. 此排中頓. 由是飲食精細絕佳. 時當仲夏, 藉樹蔭俯瞰長江. 涼飆拂面. 盤礴少頃. 殊忘鞍馬之勞. 過江四十里, 宿和裡間寨.

주'(지도의 동그라미 표시) 등은 금나라 때도 거의 같은 지역으로 볼 수 있는 것이다. 그리고 눈여겨볼 것은 신라산이라고 부른 것이다. 왜 신라산이라 불렀는지는 모르겠으나 이 산이 여진의 본거지였을 가능성이 있다면 여진이 신라의 후손이라는 전설과도 통하는 의미가 있는 것이 아닌가 추측을 해본다.

셋째, 35일차 일정에서의 혼동강과 압록강에 관한 기록이다. 혼동강은 북쪽으로 광한에서 시작한다는 말을 근거로 보면 지금의 서랍목륜하를 말하는 것으로 보인다. 이 강과 압록강이 만나 지금의 발해로 들어간다는 것이다. 여기서 혼동강은 사마광의 『자치통감』에서 말하는 강으로 보인다. 그렇다면 사마광은 혼동강과 압록강을 같은 강이라 혼동을 한 것이고, 허항종은 혼동강과 압록강은 다른 강으로 구별을 해놓은 것이다. 즉 혼동강은 금나라 강이고, 압록강은 고려의 강으로 분명하게 알고 있는 것이다. 그렇다면 이 두 강이 합쳐져 바다로 들어가는 강은 지금의 요하밖에는 없다. 이 요하의 동쪽에서 발원하여 서쪽으로 흘러들어 요하로 들어오는 강이 바로 압록강이라고 본다면 고려와 금나라의 국경선은 지금의 요하였을 가능성이 크다.

이 두 기록에서는 분명하게 지금의 중국 요하 유역에서 고려와 금나라가 국경선은 맞대고 있다는 것을 말하고 있는 것이다.

⑦ 『원사』 - 쌍성의 위치

고려의 서북 국경선을 연구할 때 반드시 거론되는 지역 중 하나가 '쌍성'인데, 이 쌍성에는 쌍성총관부가 있었기 때문이다. 쌍성총관부는 이성계의 고향이기도 하다. 쌍성은 현재 북한의 함경도에 위치하고 있는 것으로 알려져 있다. 그렇기 때문에 철령위도 한반도 원산으로 비정 되는 계기가 된 것이다. 그러므로 이 문제에 대하여 구체적으로 확인해보도록 한다.

❶ 『원사』「지」 제40

원나라는 금(金) 산출지역에 대하여 매년 금을 공납하게 하였는데, 세조 13년 요동의 쌍성(遼東 雙城)과 화주(和州)에서 금을 캤다.54)

❷ 『원사』「본기」 제17

고려·여진 경계의 수령들이 쌍성의 기근을 보고하자, 고려왕에게 조칙을 내려 해운으로 조를 운반하여 기근을 구휼하게 하고 평주, 난주 등에 금주령을 내렸다.55)

이 두 기록을 분석해보면 다음과 같다.

첫째, ❶의 기록을 보면 쌍성과 화주의 위치를 설명하고 있는데 모두 요동에 있다는 것이다. 이 두 지역의 위치에 대하여 동북아시아 학계에서는 모두 현재 한반도 중북부 지역인 함경도 원산만 일대로 보고 있다. 그런데 당대의 기록인 『원사』에는 요동에 있다고 한 것이다. 그렇다면 이 기록이 맞는 것으로 봐야 할 것이다. 즉 한반도 원산만 근처에 있다는 것은 잘못된 고증인 것이다.

둘째, ❷의 기록은 고려, 여진 경계의 수령들이 '쌍성'에 기근이 들었다고 보고를 하였는데, 이 쌍성은 위에서 본 바와 같이 요동에 있다고 하였고, 고려와 여진의 경계에 있는 수령들이라는 말을 볼 때, 이 역시 고려의

---

54) 『元史』卷九十四 志 第四十三「食貨」二, 歲課
初, 金課之興, 自世祖始. 其在益都者, 至元五年, 命於從剛' 高興宗以漏籍民戶四千, 於登州棲霞縣淘焉. 十五年, 又以淘金戶二千簽軍者, 付益都' 淄萊等路淘金總管府, 依舊淘金. 其課於太府監輸納. 在遼陽者, 至元十年, 聽李德仁於龍山縣胡碧峪淘採, 每歲納課金三兩. 十三年, 又於遼東雙城及和州等處採焉.

55) 『元史』「本紀」第十七 世祖十四
高麗' 女直界首雙城告饑, 敕高麗王於海運內以粟賑之. 弛平灤州酒禁.

국경선이 지금의 만주에 있었다는 것을 알 수 있다. 원나라 황제는 고려에게 명령을 하여 해운으로56) 곡식을 운반하여 쌍성의 기근을 구제하라고 하였는데, 바닷길을 통하여 만주로 올라갈 수 있는 강은 지금의 요하밖에 없다. 그렇다면 고려의 서북쪽 경계는 지금의 중국 길림성 중부와 요녕성 중북부, 그리고 내몽고자치구 동부 지역이 만나는 곳 어딘가에 있었을 것으로 본다.

그러므로 쌍성은 현재 중국 요녕성 동북 지역이나 길림성 중부 지역에 있는 것으로 봐야 하는데 쌍성은 요동에 속해 있다는 기록으로 봐서 지금의 요녕성 동북 어딘가로 추정된다.

⑧ 『대명일통지』의 '자비령'

명나라는 원나라 땅을 그대로 받으면서 왕조를 개창한 나라이다. 그러므로 원의 영역이 곧 명의 영역과 거의 일치한다고 봐야 한다. 명은 건국하자마자 명나라 안의 모든 일을 기록하여 행정에 참고하였다. 그중에 지리와 각 지역의 역사에 대하여 기록해 놓았는데, 그 이유는 조세권 범위와 역사적 연고성을 주장하기 위한 것이었다. 이런 과정에서 남만주 지역도 자세하게 기록을 남겨 놓았는데 기자의 땅이었다는 것과 누대로 한족의 영

---

56) '해운'이라는 말을 보면 바다를 이용했다는 것이다. 이 말을 풀어보면 '바다로 옮긴다'는 것인데, 만약 지금의 요양, 심양 등지에서 북으로 올라간다면 굳이 해운이라는 말을 쓰지 않았을 것이다. '바다'라는 말을 쓴 것은 현재 한국의 서해나 발해를 경유한다는 것이다. 그렇다면 배의 출발지가 어딘가 하는 것이다. 아마도 현재 개성이나 한강 유역이 아니었을까 한다. 만약 쌍성이 지금의 함경도 원산이라면 고려의 개성지역에서는 바다로 가지 않고 육로로 가면 안전하고 빨랐을 것이다. 그럼에도 불구하고 배로 움직이라 한 것을 보면 육로로 다니기 어려운 지역이었음을 알 수 있다. 실제 지금의 압록강을 건너 중국으로 들어가는 길은 산과 계곡이 많아 매우 험난한 길이다. 뿐만 아니라 산적들도 많아 안전하지 않은 길이다. 그러므로 원나라 군대가 보호할 수 있는 길을 따라 쌍성까지 곡식을 운반하도록 한 것으로 보인다.

토였다는 것을 분명히 하기 위한 정치적 판단이었다.57) 그런 명나라는 조선과의 국경선을 자비령으로 하면서 이 자비령의 위치에 대하여 구체적으로 기록을 남겨 놓았다.

『대명일통지』 권89 '외이'
자비령은 평양성(平壤城) 동쪽 160리(里)에 있는데, 원나라 시기에 이곳을 경계로 삼았다.58)

자비령은 원나라가 고려와 국경선을 정한 곳이다. 그리고 명나라도 이 자비령으로 고려와 국경으로 삼았고, 훗날 조선과도 국경선을 삼은 곳이다. 요하 유역에서 경계를 이루고 있던 고려와 요·금·원 초기의 국경선이 원 중엽에 이르러 자비령으로 바뀌게 된 것이다. 자비령의 위치에 관하여 동북아시아 학계는 지금의 황해도 북부지역으로 고증을 하고 있다. 그런데 황해도에 자비령이라 불리는 곳은 산의 방향이 남북 방향으로 이어져 있어 국경선으로 하기에는 적당하지 않다. 왜냐하면 자연 지형지물을 고려하여 국경선을 정했다면 비켜 갈 수 없는 지형인 동서 방향으로 정했을 것이다. 그런데 현재 자비령은 남북 방향으로 되어 있어 옆으로 비켜 가면 그만이다. 그러므로 황해도의 자비령을 국경선으로 삼았다는 것은 받아들이기 어렵다. 또한 『대명일통지』에 기록된 자비령의 위치는 '평양성의 동쪽 160리에'라고 기록되어 있는데, 현재 황해도 북부지역은 평양의 남쪽이

---

57) 명나라 초기에는 남만주 지역의 연고권을 두고 고려와 명나라에서 엄청난 큰 마찰이 일어났다. 고려는 역사적 연고권을 들어 반환하라 하였고, 명나라는 원나라 땅을 계승한 것이기 때문에 반환할 수 없다고 맞서며 철령위 설치사건이 터지고 만 것이다.
58) 『大明一統志』卷之八十九「外夷」
慈悲嶺 在平壤城東一百六十里元時畫此爲界

다. 그러므로 기록의 방향과도 맞지 않는다.59)

여기서 한 가지 중요한 사실은 『대명일통지』의 '평양'이라는 기록이다. 당시 『대명일통지』의 기록자가 평양이라 한 이유는 현재 요양이 당시에 평양성으로도 불렸기 때문일 것이다. 그 한 예로 최부의 『표해록』에서도 이와 비슷한 기록이 전해지고 있다.60)

계면(戒勉)이란 중이 있었는데 우리나라 말이 능히 통했습니다. 그는 신에게 이르기를, "소승은 세계(世系)가 본디 조선(朝鮮)인데, 소승의 조부가 도망해 이곳에 온 지 지금 벌써 3세(世)가 되었습니다. 이 지방은 지역이 본국(本國 조선)의 경계에 가까운 까닭으로 본국 사람이 와서 거주하는 자가 매우 많습니다. 중국 사람은 가장 겁이 많고 용맹이 없으므로, 만약 도적을 만난다면 모두 창을 던지고 도망해 숨어버리며, 또 활을 잘 쏘는 사람도 없으므로, 반드시 본국 사람으로서 귀화(歸化)한 사람을 뽑아서 정병(精兵)으로 인정하여 선봉(先鋒)을 삼게 되니, 우리 본국의 한 사람이 중국 사람 10

---

59) 복기대, 「원나라 동녕부 위치에 대한 고찰」, 『몽골학』 제57호, 단국대몽골학연구소, 2019.
김영섭, 「동녕부 자비령과 고려 서북 경계」, 『선도문화』 29, 국제뇌교육종합대학원 국한연구원, 2020.
허우범, 「17세기 초 조·명 해로사행의 길목 '가도' 위치 고찰」, 『인문과학연구』 제65집, 강원대학교 인문과학연구소, 2020.
60) 『표해록』 1488, 성종19년 5월 24일. 맑았음.
晴 有僧戒勉者能通我國語音 謂臣曰 僧系本朝鮮人 僧祖父逃來于此 今已三世矣 此方地近本國界 故本國人來住者甚夥 中國人最怯懦無勇 若遇賊 皆投戈奔竄 且無善射者 必抄本國人向化者 以謂精兵 以爲先鋒 我本國一人 可以當中國人什百矣 此方卽古我高句麗之都 奪屬中國千有餘載 我高句麗流風遺俗 猶有未殄 立高麗祠以爲根本 敬祀不息 不忘本也 嘗聞鳥飛返故鄉 狐死必首丘 我等亦欲返本國以居 但恐本國反以我等爲中國人 刷邊中國 則我等必服逃奔之罪 身首異處 故心欲往而足趑趄耳 臣曰 汝以淸淨之流 宜在深山之中 何爲僧冠俗行 出入於閭閻之中乎 勉曰 僧入山中久矣 今爲官吏所招來 臣曰 招以何事 勉曰 大行皇帝尊崇佛法 巨刹半於天下 方袍多於編戶 僧等安臥飽食 以修釋行 新皇帝自爲東宮 素惡僧徒 及卽位 大有翦去之志 今則下詔天下 凡新設寺庵 並令撤去 無度牒僧 刷令還俗之令 急於星火 故三堂老爹令吏招僧 自今日壞寺長髮云云 僧徒顧安所容一身乎 臣曰 此乃撤寺刹爲民舍 毀銅佛爲器皿 髮髡首充軍伍之漸 乃知大聖人之所爲 出於尋常萬萬也 汝徒嘗祝釐曰 皇帝陛下萬萬歲 汝之祝釐如是 大行皇帝之崇佛如是 寺刹僧佛之盛又如是 大行皇帝壽未中身 八音遽遏 汝之祝釐之勤 安在哉 言未旣 勉辭謝而退

명, 100명을 당할 수가 있습니다. 이 지방은 곧 옛날 우리 고구려의 도읍인데 중국에게 빼앗겨 소속된 지가 1,000여 년이나 되었습니다. 우리 고구려의 끼친 풍속이 아직도 없어지지 않아서, 고려사(高麗祠=고구려사(高句麗祠))를 세워 근본으로 삼고, 공경하여 제사 지내기를 게을리하지 않으니, 근본을 잊지 않기 때문입니다. 일찍이 듣건대, '새는 날아서 고향으로 돌아가고, 여우는 죽을 때 살던 굴로 머리를 돌린다.[鳥飛返故鄕 狐死必首丘]'고 하였으니, 우리도 본국으로 돌아가서 살고 싶으나, 다만 본국에서 도리어 우리들을 중국 사람으로 인정하여 중국으로 돌려보낸다면, 우리는 반드시 외국으로 도망한 죄를 받아서 몸뚱이와 머리가 따로 있게 될까 두렵습니다. 그러므로 마음은 가고 싶지만, 발은 머뭇거릴 뿐입니다."

이 『표해록』, 『대명일통지』의 저자는 이렇게 예로부터 전해오는 당시 지명을 그대로 활용하고 있었던 것으로 보인다. 이런 일은 충분하게 그럴 수 있다. 고구려의 평양성은 현재 요녕성 요양인데,[61] 이곳은 명나라 때 요동도사가 있던 곳이다. 그러므로 고구려 평양과 요동도사는 같은 지역인 것이다. 명나라 때 이곳에서 거리를 재어 동쪽으로 180리에 자비령이 있다고 한 것이다. 『대명일통지』에 자비령으로 추측되는 지역은 조선시대 연산파절로 기록되어 있고, 지금의 중국 요녕성 요양시와 단동시, 본계시가 나뉘지는 연산관 지역이다. 이 연산파절은 산맥이 남북으로 이어져 있기 때문에 자연 지형지물을 이용한 국경선이 될 수 있는 지역이다.

---

[61] 복기대, 「고구려 평양위치 관련 기록의 검토-중국 사료를 통해서 본 일본 학설의 재검토-」, 『일본문화학보』, 69집, 2016.

Ⅲ. 맺음말

필자는 앞에서 고려시대의 서북지역인 만주 지역의 정치적 상황을 나타내는 관련 자료들을 확인해보았다. 이 자료를 확인해본 결과 만주 지역은 고려와 요·금·원이 헤게모니를 잡기 위하여 서로 간에 피를 흘리면서까지 노력을 기울였던 곳으로 볼 수 있다. 그러다가 원 중기에 요하 유역은 모두 원에 넘어가 원나라의 영역은 현재 중국 요녕성 연산관까지 넓어지고, 고려의 영토는 줄어들게 된 것이다. 지도로 확인을 해보면 다음과 같다([지도8]).

이런 사실은 지금까지 우리가 알고 있었던 만주 지역의 국제 정치적 상황과는 다른 것을 알 수 있다. 앞에서 필자가 확인한 자료가 모든 것을 모은 것은 아니다. 더 있음에도 불구하고 지면도 고려해야 했고, 앞으로 더 구체적으로 어느 지역인가를 검증도 해야 할 부분도 있어 줄였다. 그런데도 이런 결과가 나왔다. 더구나 한국계 사료보다 차이나계 사료들이 더 구체적이었다. 더구나 현대 중국학계에서도 분명하게 고려와 요나라의 국경은 잠시나마 현재 중국 요녕성 철령시 부근이었다는 연구 결과를 내놓고 있다.[62]

이것은 무엇을 말하는 것일까? 분명히 한국계 사료들도 많은 기록을 남겨 놓았을 것인데 이것을 해석하는 과정에서 문제가 있는 것이 아닐까 생각한다. 그럴 가능성은 윤한택의 연구에서 알아볼 수 있다.[63] 압록강(鴨淥江)과 압록강(鴨綠江)을 혼동한 것, 그리고 많은 자료에서 압록강(鴨淥江)에서 압록강(鴨綠江)으로 변했다는 것 등을 확인해 볼 때 한국계

---

62) 周向永·許超, 『鐵嶺的考古與歷史』, 遼海出版社, 2015.
63) 윤한택, 「고려 서북 국경에 대하여」, 『압록과 고려의 북계』, 주류성, 2017.

사료들도 이런 과정을 거치면서 사실이 숨어 버리지 않았나 싶다. 그렇다면 다시 사료를 분석하고 검토하여 원래의 기록대로 찾아가야 할 것이다.

필자는 고려 서북계와 관련한 연구를 꾸준히 이어왔다. 그러므로 이 결과를 믿는다. 고려의 서북계 국경선이 이렇게 확인된다면, 동북계도 우리가 알고 있는 것과는 다를 것이다. 이 동북계 문제는 이미 적지 않은 연구자들이 확인하였고, 필자 역시 이 문제를 언급한 적이 있다. 그렇지만 다음에 이 동북계 문제도 집중적으로 파악해보고자 한다. 고려와 거란, 금, 원나라와의 국경 문제를 바로 알아야 하고, 이 문제가 선결되어야 만이 당시 역사를 제대로 연구할 수 있을 것으로 생각하기 때문이다.

[지도8] 고려의 국경선

■ 참고문헌

· 『삼국유사』, 『고려사』, 『고려사절요』, 『표해록』
· 『요사』, 『금사』, 『송사』, 『자치통감』, 『원사』, 『대명일통지』
· 『선화봉사고려도경』, 『선화을사봉사금국행정록』

· 한규철, 《발해의 대외관계사》, 신서원, 1994.
· 이원순 외, 《고등학교 역사부도》, 교학사, 1995.
· 金渭顯, 《契丹社會文化史論》, 서울, 景仁文化史, 2004.
· 윤한택 외, 「고려 서북 국경에 대하여」, 『압록(鴨淥)과 고려의 북계』, 주류성, 2017.
· 윤한택, 『고려국경에서 평화시대를 묻는다』, 더플랜, 2018.
· 복기대, 『韓國古代史の正体』, 2018, えにし書房

· 王溥, 《五代會要》
· 李治亭 主編, 《東北通史》, 鄭州, 中州古籍出版社.
· 趙振績, 〈女眞族系考〉, 《中國歷史學會史學集刊》 7.
· 葉隆禮, 《契丹國志》 卷20, 《澶淵誓書》, 契丹聖宗誓書.
· 徐夢莘, 《三朝北盟會編》 卷3.
· 譚其驤編, 《中國歷史地圖集》 5册, 地圖出版社.
· 姚從吾, 《姚從吾全集》 2, 遼朝史, 臺北, 正中書局, 1972.
· 傅樂成, 《中國通史》, 臺北, 大中國圖書公司, 1973.
· 王民信, 《契丹史論叢》, 臺北, 學海出版社, 1973.
· 金渭顯, 《契丹的東北政策》, 臺北, 華世出版社, 1981.
· 楊樹森, 《遼史簡編》, 瀋陽, 遼寧人民出版社, 1984.
· 愛宕松男 (邢復礼 譯), 《契丹古代史研究》, 呼和浩特, 內蒙古人民出版社, 1988.
· 張碧波 等 主編, 《中國古代北方民族文化史》, 哈爾濱, 黑龍江人民出版社 1993.
· 馮繼欽 等, 《契丹族文化史》, 哈爾濱, 黑龍江人民出版社, 1994.
· 李唐 (金渭顯 譯), 《遼太祖》 서울, 藝文春秋館, 1996.
· 漆俠 主編, 《遼宋西夏金代通史》 1, 北京, 人民出版社, 2010.
· 周向永·許超, 『鐵嶺的考古與歷史』, 遼海出版社, 2015.

· 고광진·최원호·복기대, 「시론 '장백산'과 '압록수'의 위치검토-고려 이전을 중심으로-」,

『선도문화』 제13, 2012.
- 김영섭, 「동녕부 자비령과 고려 서북 경계」, 『선도문화』 29, 국제뇌교육종합대학원 국학연구원, 2020.
- 남의현, 「장수왕의 평양성, 그리고 鴨綠水와 鴨淥江의 위치에 대한 시론적 접근」, 『고구려의 평양과 그 여운』, 주류성, 2018.
- 복기대, 「원나라 동녕부 위치에 대한 고찰」, 『몽골학』 제57호, 단국대몽골학연구소, 2019.
- ———, 「고구려 '황성' 시대에 대한 고찰」, 『Asia-pacific Journal of Multimedia Services Convergent with Art, Humanities, and Sociology』 Vol.6 No.1, 2016.
- ———, 「고구려 평양위치 관련 기록의 검토-중국 사료를 통해서 본 일본 학설의 재검토-」, 『일본문화학보』, 69집, 2016.
- ———, 「중국학계의 거란 東쪽 국경인식에 對하여」, 『선도문화』 제14권, 2013.
- 윤순옥(Yoon Soon-ock), 김효선(Kim Hyoseon), 지아지엔칭(Jia Jienqing), 복기대(Bok Gi-dae), 황상일(Hwang Sangill), 「중국 요하 하류부 고대 요택의 공간 분포와 Holocene 중기 이후 해안선 변화」, 『한국지형학회지』 Vol.24 No.1, 한국지형학회, 2017.
- 이인철, 「고려 윤관이 개척한 동북 9성의 위치연구」, 『압록과 고려의 북계』, 주류성, 2017.
- 허우범, 「17세기 초 조·명 해로사행의 길목 '가도' 위치 고찰」, 『인문과학연구』 제65집, 강원대학교 인문과학연구소, 2020.

고려와 원·명의 요동 국경은 어디였을까

― 東寧府·東寧路와 慈悲嶺의 상관성을 중심으로 ―

고려와 원·명의
요동 국경은 어디였을까

-東寧府·東寧路와 慈悲嶺의 상관성을 중심으로-

남 의 현

I. 서론

II. 東寧府의 東寧路로의 승격, 그리고 遼陽

III. 鴨淥江·平壤城을 통해 본 동녕부의 위지

IV. 高麗와 元의 국경, 慈悲嶺이 連山關으로

V. 결론

I. 서론

원대 고려인이 몽골에 귀부하면서 설치되었던 東寧府 그리고 東寧路와 관련된 기록은 한국과 중국이 다르다. 『高麗史』 등의 기록에는 동녕부와 동녕로는 상관성이 없는 것으로 기록되었다. 반면 중국의 사료들은 원나라가 고려인의 귀부로 설치한 동녕부가 처음부터 요동에 있었으며 이것이 위치 변동 없이 동녕로로 승격되어 요양행성의 7路를 구성하면서 원대에 그대로 유지된 것으로 나타난다. 즉 중국의 기록을 살펴보면 동녕부의 위치는 우리가 알고 있는 초설지 북한 평양이 아니라 현재 遼寧省 遼陽이나 그 부근으로 나타난다. 그리고 원과 고려의 국경은 慈悲嶺으로 나타나는데, 현재 중국은 동녕부를 북한 평양으로, 자비령은 황해도에 있다고 주장한다. 그러나 중국의 주장과는 달리 사료의 기록대로 동녕부가 요동 요양에 설치되었다면 원과 고려의 국경이 되는 자비령은 요양 동쪽으로 이동해야 하고 압록강과 요양 사이의 험준한 고개에 있어야 한다. 이처럼 동녕부의 문제는 그 위치에 따라 고려와 원의 국경선을 획정하는 데 매우 중요한 연결고리를 가지고 있다.

본 논문에서는 원대 동녕부 위치가 요녕성 요양이고, 요양 동녕부가 동녕로로 승격되었고, 다시 명대 요양이 요동도사 치소로 되고 위소(衛所)체제로 전환되면서 동녕로의 고려인들이 동녕위에 포함되었음을 사료에 기초하여 밝혀보고자 한다. 그리고 동녕위 위치와 설치과정 등을 통해 고려와 원의 국경이 되는 자비령도 황해도 북부가 아니라 요양과 압록강 사이가 되어야 함을 밝혀 고려와 원, 조선과 명의 국경선 내지 국경지대 위치 문제를 재구성해 보고자 한다.

Ⅱ. 東寧府의 東寧路로의 승격, 그리고 遼陽

　동녕부 위치가 북한 평양이라는 견해는 북한 평양이 곧 서경이라는 공식에 기인한다. 그러나 서경이라는 지명은 고구려, 발해, 요, 금, 원 등 요동에서 왕조가 바뀔 때마다 등장하는 5京 중의 하나이다. 조선시대 尹斗壽의 『平壤志』를 보면 중국사서에 나오는 서경이나 장수왕의 평양성을 아무런 사료적 근거 없이 모두 한반도의 북한 평양으로 인식하고 있음을 알 수 있다. 그러나 윤두수의 『평양지』가 나오기 130여 년 전에 편찬된 중국의 『大明一統志』, 최부의 『漂海錄』 등을 보면 북한 평양 외에 또 다른 평양이 요동에 있다고 쓰고 있다. 『東國通鑑』 「고구려」 조를 살펴보면 고구려의 8차 천도를 언급하는데 요동에 2개 이상의 평양이 있음을 알 수 있다. 이러한 고구려의 8차 천도는 『신당서』 가탐의 기록과도 일치한다.1) 고구려와 수·당과의 전쟁사는 요동에 존재하는 고구려 평양성을 차지하기 위한 전쟁이었다. 『大明一統志』를 비롯한 중국의 다양한 사료들도 고구려 장수왕이 천도한 평양성은 요동에 있으며, 이 평양성이 서경이었다고 기록하고 있다. 이 서경을 태조 왕건이 제2의 수도로 삼았으며, 원나라 시기 최탄 등이 이 서경과 60여 개의 성을 들어 몽고에 투항하여 동녕부가

---

1) 『신당서』 「지리지」 '가탐도리기'의 기록을 연구한 최근 연구성과는 남의현의 「중국의 〈중조변계사〉를 통해 본 한중 국경문제」(『인문과학연구』 57, 강원대학교 인문과학연구소, 2018)와 복기대의 「신당서의 가탐도리기 재해석」(『인문과학연구』 57, 강원대학교 인문과학연구소, 2018)을 언급할 수 있다. 『신당서』 「지리지」 '가탐도리기'는 당의 수도에서 산동을 거쳐 발해 수도로 가는 노정을 기록하고 있는데 그 기록에 나타나는 '등주(登州)→ 대사도(大謝島)→ 귀흠도(龜歆島)→ 말도(末島)→ 오호도(烏湖島 300리)→ 오호해(烏湖海)→ 마석산(馬石山) 동쪽 도리진(都里鎮 200리)→ 진왕석교(秦王石橋)→ 마전도(麻田島)→ 고사도(古寺島)→ 득물도(得物島)→ 압록강 당은포구(唐恩浦口, 1,000리)→ 박작구(泊汋口, 130리)→ 환도현성(丸都縣城, 고려의 왕도, 500리)→ 신주(神州, 동북 200리)→ 현주(顯州, 육지로 400리) 정북 혹은 정동쪽으로 600리→ 발해왕성(渤海王城, 600리)'을 논문들에서 정리하였다. 이 노정에 나타나는 마전도, 고사도는 요하로 가는 노정의 섬이며 압록강 당은포구 역시 요하 유역의 당은포구임을 고지도와 명대 사료 『주해도편』, 『도서편』 등을 추적하여 밝혔다.

되었다고 쓰고 있다. 그리고 이 서경은 현재 요녕성 遼陽이라고 기록하고 있다.

그런데 최근 학계에서 동녕부 위치가 쟁점이 되고 있다. 동녕부 위치와 관련하여 초기 연구는 일본이 근대에 제작한 『滿洲歷史地理』를 시작으로 볼 수 있다.[2] 이 책 제5편에서 〈만주에 있어서 원나라의 강역〉을 논하면서 동녕부 설치과정을 간략히 설명하고 그 위치를 북한 평양이라고 서술하고 있다. 즉 최탄 등이 西京 등 60여 성을 들어 몽고에 투항했는데 서경을 북한 평양이라고 이해함으로써 그 아래 60여 성도 모두 북한 평양 주위에 있었다는 가정하에 논지를 전개하고 있다.[3] 그러나 『고려사』나 『고려사절요』를 살펴보면 원나라가 동녕부를 설치할 당시의 西京이 북한 평양이라는 근거가 없다. 북한 평양이 언제부터 서경이나 평양으로 불리었는가를 탐구하지 않고 사료에 나타나는 서경이나 평양을 모두 북한 평양에 맞추어 추측하면서 문제가 발생하였다.

원래 서경이라는 지명은 5京제도를 가진 발해, 요나라, 금나라 등도 사용하고 있었으므로 요동에는 늘 서경이 존재하였음에 주의할 필요가 있다. 서경이 그렇듯이 평양이라는 지명도 한반도에만 있는 것이 아니다. 15세기에 편찬된 『대명일통지』, 『원사』, 조선의 『동국통감』, 최부의 『표해록』, 박지원의 『열하일기』, 윤정기의 『동환록』, 허목의 『미수기언』 등의 기본적인 사료만 보더라도 수·당 시대의 고구려 평양성이 요동에 기록되어 있고, 고구려가 망한 후 그 후예들이 압록강 동쪽 천여 리로 이동해서 수도를 정했는데 그곳은 옛 평양이 아니라고 수많은 사료들이 기록하고 있다. 즉 요동과 한반도에 모두 평양이 있다는 것이다. 그러므로 사료에 나

---

[2] 『만주역사지리』 제2권은 남만주철도주식회사 역사조사 보고서로 白鳥庫吉이 감수하고 松井等·箭內亙·稻葉岩吉 등이 撰하였다.
[3] 『滿洲歷史地理』 제2권, 丸善株式會社, 大正 2년(1913), p.338.

타나는 평양을 일방적으로 북한 평양으로 볼 수는 없다.4)

그러면 동녕부가 설치된 서경의 위치 문제를 해결하기 위하여 한국 사료의 기록들부터 정리해 보자.

『高麗史節要』
○ 기사 1) 권18 원종(元宗) 11년(1270) 2월.
최탄(崔坦)은 몽고 군대 3천이 와서 서경(西京)을 진무해 주기를 요청하였다. 황제가 최탄·이연령(李延齡)에게 금패(金牌)를, 현효철(玄孝哲)·한신(韓愼)에게 은패(銀牌)를 차등 있게 하사하였다. 조서를 내려 몽고에 내속(內屬)하고 호칭을 동녕부(東寧府)로 고치며 자비령(慈悲嶺)으로 경계를 삼으라고 명령하였다.5)

○ 기사 2) 권19 원종(元宗) 15년(1274) 10월.
왕이 서경(西京)에 이르렀다. 당시 서경은 동녕부(東寧府)에 소속되어 있었기 때문에 왕이 은(銀)·저(紵)를 내어 군량과 마초(馬草)로 바꾸고 이를 수행하는 신하들에게 지급하였다.6)

○ 기사 3) 권20 충렬왕2(忠烈王二) - 충렬왕(忠烈王) 4년(1278) 7월.
왕이 중서성(中書省)에 상서(上書)하여 이르기를, … 동녕부(東寧府)는 본래

---

4) 고구려 장수왕이 천도한 평양성과 14세기 이전의 압록이 요하라는 것을 밝힌 연구성과로는 복기대 외의 『고구려의 평양과 그 여운』(주류성, 2017)과 윤한택 외의 『압록과 고려의 북계』(주류성, 2017) 등이 있다.
5) 『高麗史節要』 권18 원종(元宗) 11년(1270) 2월
崔坦請蒙古兵三千來鎭西京. 帝賜崔坦李延齡金牌, 玄孝哲韓愼銀牌, 有差. 詔令內屬, 改號東寧府, 畫慈悲嶺爲界
6) 『高麗史節要』 권19 원종(元宗) 15년(1274) 10월
王至西京. 時, 西京屬東寧府, 王出銀紵, 易糧草, 以給從臣

저희 나라의 조종이 도읍으로 삼았던 곳인데 최탄(崔坦) 등이 이곳을 탈취하여 웅거하면서 조종(祖宗)의 사우(祠宇)와 제사가 모두 폐지되었습니다. 바라건대 이 작은 땅을 돌려주셔서 효성스러운 제사를 다할 수 있게 해주십시오. 일찍이 성지(聖旨)를 받들었는데 기미년(1259) 이래 사로잡힌 사람들은 모두 방환시키는 것을 허락하셨습니다. 전년도에 또다시 북경(北京)·동경로(東京路)·동녕부(東寧府)에 경오년(1270) 이래로 도피하였거나 유인되어 사로잡힌 사람들 역시 쇄환하도록 한다는 중서성의 명령이 있었는데, 지금까지 한 사람도 돌아온 경우가 없습니다. 다시 쇄환할 수 있게 하되, 여러 대에 걸쳐 거주하여 이사가 불편한 사람은 동경로에 모여 살면서 공주가 행차할 때 물품을 제공하는 사역에 충원될 수 있게 해주시기 바랍니다.7)

○ 기사 4) 권21 충렬왕3(忠烈王三) - 충렬왕 16년(1290) 3월.
황제가 조서를 내려 동녕부(東寧府)를 폐지하고 서북쪽의 여러 성을 우리에게 돌려주었다. 왕이 그곳의 총관(摠管)인 한신(韓愼)과 계문비(桂文庇)를 대장군에 제배하고 현원렬(玄元烈)을 태복윤(太僕尹)으로, 나공언(羅公彦)과 이한(李翰)을 장군으로 삼았다.8)

위 『고려사절요』[기사1] ~ [기사4]의 기록을 정리해 보면 동녕부는 고려

---

7) 『高麗史節要』, 권20 忠烈王 4년(1278) 7월
  王上中書省書曰---東寧府元是小邦祖宗所都, 崔坦等奪而據之, 祖宗祠宇祭享皆廢. 願還其尺土, 俾修孝祀. 曾奉聖旨, 己未年以來驅掠人, 許令放還. 年前又有省旨, 北京東京路東寧府庚午年以來逃誘虜掠之人, 亦令刷還, 迨今無一人還者. 願更令刷還, 其有累世居住不便移徙者, 於東京路圓聚, 以充公主行李廨養之役. 討耽羅珍島時, 賊黨子女多爲軍官所虜, 雖齒役平民者, 妄稱虜獲, 强充驅役, 願令禁止. 小邦道里遼遠, 事有要急, 必馳驛以聞. 然請箚子於達魯花赤然後得遣, 或致遲誤, 望依諸駙馬例, 亦許自給箚子.
8) 『高麗史節要』, 권21 忠烈王 16년(1290) 3월
  帝詔罷東寧府, 復歸我西北諸城. 王拜其摠管韓愼桂文庇爲大將軍, 玄元烈爲太僕尹, 羅公彦李翰爲將軍

초기의 서경이며 본래 조상들이 도읍(장수왕의 평양성)으로 삼았던 곳인데 최탄(崔坦) 등이 이곳을 탈취하여 웅거하면서 조종(祖宗)의 사우(祠宇)와 제사가 모두 폐지되었다는 것이다. 다만 이 기록에서는 동녕부의 위치를 직접 언급하지 않아 원대에 설치된 동녕부의 위치가 어디인지 알 수가 없다. 그러나 중국사료인 『元史』의 「동녕로」 조와 『大明一統志』 '고적' 조의 고구려 평양성 기록 등 다양한 기록을 종합하여 살펴보면 고구려 평양성이 동녕부가 설치된 자리이며 동녕부는 곧 서경으로, 「동녕로」로 승격되었음을 알 수 있다.

우선 중국의 정사인 『元史』에서 「동녕로」 조에 관한 기록을 찾아보자.

『元史』「東寧路」

동녕로는 원래 고구려 평양성으로 장안성이라고도 말한다. 한나라가 조선을 멸하고 낙랑, 현도군을 두었는데 이는 낙랑의 땅이다. 진 의희 후 그 왕 高璉(장수왕 : 역자)이 비로소 처음으로 평양성에 거하였다. 당나라가 고려를 정벌할 때 평양을 공격하자 그 나라가 鴨綠江 동쪽 천여 리 밖으로 옮겨갔는데 그곳은 옛 고구려의 평양이 아니다. 왕건에 이르러 옛 평양을 서경으로 삼았다. 원 지원 6년 이연령, 최탄, 현원렬 등이 부·주·현·진 60성을 들어 몽고에 귀부하였다. 지원 8년 서경을 동녕부로 고쳤다. 13년 동녕로총관부로 고치고 녹사사를 설치하고 정주, 의주, 인주, 위원진을 나누어 파사부에 예속시켰다. … 도호부는 당나라 말기에 고려 땅이 되어 부·주·현·진 60여 성을 두었다. 비록 당나라 시기의 옛 이름이 남아 있지만 도호부의 실체는 없어졌다. 지원 6년 이현령 등이 그 땅을 들어 내귀하였으나 그 후 땅이 황폐화되어 다만 그 이름만이 남아 있어 동녕로에 속하도록 하였다.9)

---

9) 『元史』東寧路.

『元史』卷8 지원 12년(1275)
　고려의 동녕부를 동녕로로 삼았다.10)

이 내용을 보면 고구려 평양성, 서경, 동녕부와 동녕로는 하나의 지역임을 알 수 있다. 위 사료 내용을 다시 세부적으로 정리해 보면 다음과 같다.

① 동녕로의 동녕은 고구려 장수왕이 천도한 평양성으로 장안성이라고도 한다.
② 이 평양성이 한무제가 설치한 낙랑 자리이다.
③ 당나라가 이 평양성을 함락시키자 고구려 유민들이 압록강 동쪽 천여 리로 옮겨갔는데 그곳은 옛날 고구려의 평양성이 아니었다.
④ 태조 왕건이 고려를 건국한 후 장수왕의 평양성을 다시 서경으로 삼았다.
⑤ 이후 원 지원 연간에 고려의 최탄 등이 60여 성과 함께 서경(장수왕의 평양성)을 들어 원에 투항하자 서경이 동녕부가 되었고
⑥ 지원 12년 동녕로로 승격되었다.

이 내용으로 보면 여기에 나오는 평양은 모두 동일한 평양으로 장수왕이 천도한 평양성이다. 이 평양이 후에 서경이 되었으며 이 서경을 최탄 등이 들어 몽고에 투항하자 서경을 동녕부로 삼았다. 그리고 다시 동녕부를 동녕로로 승격시켰다는 이야기다. 즉 장수왕의 '평양성=서경=동녕부=동녕로'라는 공식이 성립한다.

---

10)『元史』卷8 世祖11年 甲子. 荅宋國主書令其來降丙寅阿嘍罕軍次安吉州宋安撫使趙與可以城降升高麗東寧府為路

이러한 기록은 명 초기에 저술된 『大明一統志』에도 나타나고 있다. 『대명일통지』에도 역시 고구려 장수왕의 평양성은 요동에 있다고 기록하고 있다. 『대명일통지』에 기록된 평양성은 편제상 「遼東都指揮使司」편 '고적' 조에 기록하고 있다. 명나라가 설치한 요동도지휘사사의 관할 범위에는 한반도가 들어갈 수 없으며 『대명일통지』가 작성될 당시 조선과 명의 국경은 압록강~북쪽 180리 지점인 連山關 지대였다. 그러므로 『대명일통지』 '고적' 조에 기록된 평양성은 곧 북한의 평양이 아니라 요동의 평양성이다. 그리고 『원사』 「동녕로」 조의 기록과 마찬가지로 이 평양성이 다시 서경이라고 말하고 있으므로 북한 평양이 될 수 없다.

『대명일통지』의 「遼東都指揮使司」 '고적' 의 평양성 기록을 살펴보자.

> 『大明一統志』卷25 「遼東都指揮使司」
> 平壤城 – 평양성은 鴨淥江 동쪽에 있는데, 일명 王儉城으로 곧 기자의 옛 나라이다. 성 바깥에는 기자의 묘가 있다. 한나라 때는 낙랑군의 치소였으며 晉 義熙 연간 후에 그 왕 高璉(역자 : 장수왕)이 처음으로 이 성에 거하였다. 후에 이 평양성을 西京이라 하였다. 원나라 때 동녕로가 되었다.[11]

이 기록을 요약해보면

① 평양성은 鴨淥江 동쪽에 있으며
② 장수왕이 평양성에 처음 천도하였다.
③ 이 평양성이 서경이 되었고
④ 이 서경이 동녕로가 되었다

---

11) 『大明一統志』卷25 「遼東都指揮使司」

는 것으로 정리할 수 있다.

또한 1290년에 동녕부가 폐지되었다면 100여 년 뒤에 어떻게 압록강 건너편 요동에 동녕부 지명이 있으며 이를 정벌할 수 있을까. 일반적으로 추측하고 있는 동녕부 이동설은 사료 어디에도 없으며 북한 평양의 동녕부가 요동으로 옮겨갔다는 기록은 없다.

고려 후기 동녕부 정벌에 관한 『고려사』의 기사를 통해 고려 후기 정벌의 대상이 된 요동 동녕부의 위치를 확인해보자.

『고려사』

○ 기사 권28 공민왕3(恭愍王三) - 공민왕 18년(1369) 12월.

우리 태조(太祖)를 동북면원수 지문하성사(東北面元帥 知門下省事)로 삼고, 지용수(池龍壽)를 서북면원수 겸 평양윤(西北面元帥 兼 平壤尹)으로 삼고, 또 수문하시중(守門下侍中) 이인임(李仁任)을 서북면도통사(西北面都統使)로, 밀직(密直) 양백연(楊伯淵)을 부원수(副元帥)로 삼았다.12)

나라에서 가을 이래로 동북면과 서북면의 요해처에 만호(萬戶)와 천호(千戶)를 많이 설치하고 또 원수(元帥)를 보내어, 장차 동녕부(東寧府)를 공격하여 북원(北元)과의 관계를 끊으려고 하였다.13)

---

12) 『高麗史』 권28 恭愍王三 18年(1369) 12月
 庚午 以我太祖爲東北面元帥知門下省事, 池龍壽爲西北面元帥兼平壤尹, 以守門下侍中李仁任爲西北面都統使, 賜大纛以遣之, 王嘗巡御西京, 製大纛, 置官守衛, 以時致祭, 至是, 授仁任出鎭, 禡于大淸觀, 及行令五軍, 衛送于黃橋, 又以密直副使楊伯顔爲副元帥
13) 『高麗史』 권28 恭愍王三 18年(1369) 12月
 自秋以來, 東西北面要害, 多置萬戶·千戶, 又遣元帥, 將擊東寧府, 以絶北元.

○ 기사 권29 공민왕4(恭愍王四) - 공민왕 19년(1370) 1월.

우리 태조(太祖)가 기병 5,000명과 보병 10,000명을 거느리고 동북면(東北面)으로부터 황초령(黃草嶺)을 넘어서 600여 리를 행군하여 설한령(雪寒嶺)에 이르렀다가, 또 700여 리를 행군하였다. 갑진. 압록강(鴨綠江)을 건넜다.14)

이때 동녕부동지(東寧府同知) 이오로첩목아(李吾魯帖木兒, 이오로테무르)가 태조가 온다는 이야기를 듣고 울라산성(亐羅山城)으로 옮겨 보전하며 험한 데 웅거하여 저항하려고 하였다. 태조가 야돈촌(也頓村)에 이르자 이오로첩목아가 와서 도전하였는데, 잠시 후 무기를 버리고 재배하며 말하기를, "저의 선조가 본래 고려(高麗) 사람이니, 신하[臣僕]가 되기를 원합니다."라고 한 뒤 300여 호를 거느리고 항복하였다. … 여러 성들이 소문을 듣고 모두 항복하여 무릇 10,000여 호를 얻게 되었다. 획득한 소 2,000여 마리와 말 수백여 필은 모두 그 주인에게 돌려주었다. 북방 사람들이 크게 기뻐하여 귀부하는 자가 시장과 같이 많았다. 동쪽으로는 황성(皇城)에 이르기까지, 북쪽으로는 동녕부(東寧府)에 이르기까지, 서쪽으로는 바다에 이르기까지, 남쪽으로는 압록강에 이르기까지가 모두 텅 비었다.15)

위의 기사들을 분석해보면 고려 후기 동녕부를 공략할 당시 동녕부가 현재의 북한 평양이 아니라 압록강 건너편에 있음을 쉽게 알 수 있다. 위

---

14) 『高麗史』 권29 恭愍王四 19年(1370) 1月
我太祖以騎兵五千, 步兵一萬, 自東北面, 踰黃草嶺, 行六百餘里, 至雪寒嶺, 又行七百餘里, 甲辰, 渡鴨綠江. 是夕西北方, 紫氣漫空, 影皆南. 書雲觀言, 猛將之氣, 王喜曰, "予遣李【太祖舊諱】必其應也."
15) 『高麗史』 권29 恭愍王四 19年(1370) 1月
時東寧府同知李吾魯帖木兒, 聞我祖來. 移保亐羅山城, 欲據險以拒, 太祖至也頓村, 吾魯帖木兒來挑戰, 俄而棄甲再拜曰, "吾先本高麗人, 願爲臣僕", 率三百餘戶降. 吾魯帖木兒, 後改名原景. 其酋高安慰帥麾下, 嬰城拒守, 我師圍之. 太祖適不御弓矢, 取從者之弓, 用片箭射之, 凡七十餘發, 皆正中其面. 城中奪氣, 安慰棄妻孥, 縋城夜遁. 明日頭目二十餘人率其衆出降, 諸城望風皆降, 得戶凡萬餘. 以所獲牛二千餘頭, 馬數百餘匹, 悉還其主, 北人大悅, 歸者如市. 東至皇城, 北至東寧府, 西至于海, 南至鴨綠, 爲之一空.

기사 내용은

① 동녕부를 공격하기 위해 압록강을 넘었으며
② 동녕부동지(東寧府同知) 이오로첩목아(李吾魯帖木兒, 이오로테무르)가 태조가 온다는 이야기를 듣고 울라산성(亏羅山城)으로 옮겨 저항하다가 결국 고려에 항복하였고
③ 동쪽으로는 황성(집안 국내성), 북쪽의 동녕부, 서쪽의 바다, 남쪽의 압록강에 이르기까지 모두 텅 비었다

는 이야기로 정리할 수 있다. 압록강을 넘어 우라산성을 공격하였으므로 이 기사의 동녕부 공략은 당연히 요동 지역의 동녕부가 될 수밖에 없다.

Ⅲ. 鴨淥江·平壤城을 통해 본 동녕부의 위치

앞에서 살펴본 바와 같이 동녕부의 위치는 장수왕이 천도한 평양성 위치와 동일하며, 이 평양성이 곧 서경이고 동녕부이며 다시 동녕로로 승격했다고 중국의 사료들은 일관되게 설명하고 있다. 곧 동녕부가 요동에 위치한다고 기록하고 있는 것이다. 그렇다면 장수왕 평양성의 위치를 파악하면 동녕부의 위치를 알 수 있을 것이다. 장수왕의 평양성 위치가 북한 평양이라면 동녕부는 북한 평양에 위치해야 하며 중국의 기록대로 요양이라면 동녕부는 요동으로 옮겨와야 한다. 그런데 앞서 살펴본 바와 같이 장수왕이 천도한 평양성 위치는 이미 『대명일통지』 등 수많은 중국 사료에서 요동에 있다고 기록하고 있다. 그리고 항상 고구려 평양성은 鴨淥江(요하) 동남 450리에 있다고 기록하고 있다. 따라서 압록강은 요양 곧 평양성 서북쪽 450리에 그 중심점이 있어야 한다. 그렇다면 14세기 이전 사료

에 등장하는 鴨綠水·鴨淥江이 현재의 압록강인지, 최근 학계의 주장대로 遼河인지를 알면 장수왕이 천도한 평양성의 위치도 더 분명해지고 동녕부의 위치도 더 찾기 쉬울 것이다. 이러한 이유로 14세기 이전 鴨綠水·鴨淥江 관련된 사료를 살펴볼 필요가 있다.16)

현재 학계에서는 일반적으로 14세기 이전에 나오는 '鴨綠'과 '鴨淥'을 현재의 압록강으로 인식하고 있다. 최근 이에 대한 반론으로 14세기 이전의 압록이 요하라는 설이 새로운 사료와 발굴을 통해 제기되고 점차 힘을 실어가고 있다.17) 이 문제는 이미 필자가 밝혔듯이, 14세기 이전 수·당 시대의 鴨綠水와 요·금·원 시대의 鴨淥江은 모두 현재의 遼河이다. 그렇지만 간단하게 다시 한번 확인해보고자 한다.

[사료1] 『新唐書』 卷220 「列傳」 第145 / 東夷 / 高麗

高麗는 원래 扶餘의 別種이다. … (고구려는) 요수를 건너 영주와 접하고, 북으로는 말갈과 접하고 있다. 그 왕은 平壤城에 거하는데 또한 長安城이라고 한다. 漢나라 樂浪郡의 땅이며 … 水에는 大遼水와 小遼水가 있으며 大遼水는 말갈 서남산에서 나와 남쪽으로 흐르며 안시성을 지나간다. … 馬訾水가 있는데, 靺鞨의 白山에서 발원한다. 色이 鴨頭와 같아서 鴨淥水라고 부른다. 압록수는 國內城(압록강 중류의 국내성이 아니다 : 역자) 西쪽

---

16) 14세기 이후는 한국사의 활동무대였던 서북지역의 지리가 대부분 바뀌게 된다. 그러므로 이를 주의하여 사료를 분석해야 한다.

17) 사료에 근거하여 14세기 이전 鴨綠水와 鴨淥江이 현재의 遼河이며, 장수왕의 평양성이 요녕성 요양이라고 주장하는 연구성과는 다음과 같다. 복기대 외, 『고구려의 평양과 그 여운』(주류성, 2017.6), 윤한택 외, 『압록과 고려의 북계』(주류성, 2017.11), 윤한택, 『고려국경에서 평화시대를 묻다』(THE PLAN, 2018.7). 논문으로는 복기대, 「신당서의 가탐도리기 재해석」(『인문과학연구』 57, 강원대학교 인문과학연구소, 2018.6), 남의현, 「중국의 <중조변계사>를 통해 본 한중국경문제」(『인문과학연구』 57, 강원대학교 인문과학연구소, 2018.6)를 언급할 수 있다. 이 2편의 논문은 『신당서』 가탐도리기에 나오는 압록강 당은포구의 위치가 다양한 사료와 명대의 『籌海圖編』 등에 기록된 고지도 등을 통해 현재의 요하에 있음을 밝혔다.

을 지나 鹽難水와 합쳐지고 다시 서남으로 흐르다가 安市에 이르고 바다로 흘러들어간다. 그리고 平壤城은 鴨淥 東南에 있으며, 巨艦〔큰 배〕로 사람들을 건너 주며 이 강이 넓기 때문에 (고구려는) 이 강을 성을 지키는 塹으로 의존한다.

이 기록에서 압록수가 국내성 서쪽을 지나고 안시 곧 안시성을 지나간다고 했으므로 압록수는 현재의 압록강이 될 수 없다. 또한 이 기록에 등장하는 국내성도 안시성과 연결되는 압록수 줄기에 있어야 하므로 현재 압록강 중류의 집안이 될 수 없다. 고구려와 당의 전쟁 형세를 보면 안시성은 요하 유역 어딘가에 있다고 보는 것이 일반적이다. 현재의 압록강은 또한 강폭이 좁아 전쟁에 동원되는 거선을 운항할 수도 없으며 강폭이 좁아 거선으로 건널 이유도 없다. 기록에는 압록강이 평양성을 지키는 천참(天塹) 곧 천혜의 요새라 하는데 현재의 압록강과 북한 평양은 600여 리의 거리로 떨어져 있어 현재의 압록강이 평양을 지키는 요새가 될 수 없다. 따라서 『신당서』에 등장하는 거선이 다녔다는 압록수는 현재의 압록강으로 볼 수 없으며 평양성도 현재의 북한 평양으로 볼 수 없다.[18]

[사료2] 『通鑑』 卷197
장량이 수군을 거느리고 동래를 출발해 바다를 건너 사비성을 급습하였다. 사비성은 사면이 깎아지른 절벽이었으나 오직 서문만은 올라갈 수 있었다. 정명진이 부대를 끌고 밤에 도착하자 부총관 왕대도가 먼저 올라가 5월 기사일에 함락시켰다. 남녀 8천 명을 포획하여 총관들에게 나눠주었다. 구효충

---

[18] 고구려 평양성의 위치와 관련된 최근의 연구성과로는 복기대 외, 『고구려의 평양과 그 여운』(주류성, 2017)을 참조 바람.

등은 압록수에서 무력을 과시하였다. 두우가 말하길, 압록수는 평양성의 서북 450리에 위치하였는데 그 강의 원류는 말갈의 장백산에서 나온다.…송나라 이심전(李心傳)은 말하길, 압록수의 수원(水源)은 거란 동북에 있는 장백산에서 발원하는데, 옛 숙신씨의 지역이었으나 지금은 여진인들이 살고 있다고 하였다.

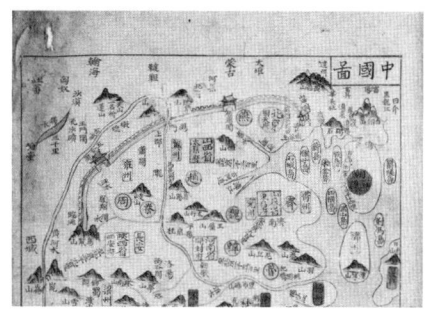

[지도1] 『중국도』 백두산과 장백산을 달리 표현하고 있는 중국 고지도19)

이 기록들을 분석해보면 압록수의 수원이 말갈의 장백산이며 이 장백산은 거란의 중심지에서 동북에 있다고 하였다. 거란의 중심지인 지금의 내몽골에서 지금의 압록강은 동북 방향이 될 수가 없다. 『거란국지』, 『대청광여도』([지도2]) 등 중국

[지도2] 『대청광여도』 백두산과 여진 관계도20)

---

19) 이런 지도들은 많이 발굴되고 있다. 이 지도의 장백산은 『金史』 등에 말갈의 백산으로 표시되기도 한다. 이곳에서 또 다른 압록강 곧 요하가 발원하는 것으로 많은 사서와 지도들이 기록하고 있다. 따라서 사서에 나오는 말갈 백산을 현재의 백두산으로 해석해서는 안 된다. 그러므로 말갈 백산에서 발원하는 압록강 역시 현재의 압록강으로 해석할 수 없다. 장백산과 백두산은 두 개의 다른 산이기 때문이다.

20) 지도에서 백두산과 여진 지역의 장백산을 다르게 표시하고 있다. 또한 백두산에서 발원하는 압록강과 여진 지역 장백산에서 발원하는 압록강을 두 개의 다른 강으로 표시하고 있다. 이 지도는 청나라 때 지도이므로 청나라 역시 2개의 압록이 있었음을 알고 있었다고 할 수 있다. 『금사』 「외국열전 고려」 조에서는 말갈이 사는 白山이 곧 長白山이며 이곳이 금나라의 중심이며 압록강의 발원처라고 기록하고 있다. 즉 『금사』 역시 현재의 백두산을 장백산으로 보고 있지 않다. 그런 의미에서 위 지도의 장백산과 백두산, 그리고 두 개의 압록은 『금사』의 기록과 일치하는 지도라고 할 수 있으며 그러한 사실은 청대까지 계승되고 있었다고 할 수 있다. 현재의 백두산이 장백산이 된 것은 한참 후대의 일임을 알 수 있다.

의 수많은 고지도에는 현재의 백두산과 장백산을 다르게 그리고 있으며 장백산에 압록강을 표시하고 있다. 따라서 위 『통감』에 나타나는 장백산과 압록은 현재 북한의 백두산과 압록강을 지칭하는 것으로 볼 수 없다. 또 다른 압록이 있었던 것이다. [지도1]과 [지도2]를 참고해 보면 백두산과 장백산은 다르며 백두산에서 발원하는 압록강과 장백산에서 발원하는 또 다른 압록강이 있음을 알 수 있다.

[사료3] 『大明一統志』 「遼東都指揮使司」 '古蹟' 조의 기록
平壤城 - 평양성은 鴨淥江 동쪽에 있는데, 일명 왕검성으로 곧 기자의 옛 나라이다. 성 바깥에는 기자의 묘가 있다. 한나라 때는 낙랑군의 치소였으며 晋 義熙 연간 후에 그 왕 高璉(역자 : 장수왕)이 처음으로 이 성에 거하였다. 후에 이 평양성을 西京이라 하였다. 원나라 때 東寧路가 되었다.[21]

이 기록의 평양성은 『大明一統志』 「요동도사」 '고적' 조에 나오는 평양성으로 책의 목차 편제상 요동도사 관할 지역에 있는 평양성 곧 요양이다. 따라서 여기서의 '鴨淥江'도 현재의 鴨綠江이 아니라 요하로 보아야 한다. 평양성 곧 요양 서쪽에 압록강이 있어야 하기 때문이다. 또한 앞에서 살펴본 바와 같이 평양성은 원나라 동녕로에 포함되어야 하는데 동녕로는 원 요양행성 7로를 구성하는 범위에 있으므로 한반도는 동녕로 행정구역에 편입될 수 없다. 따라서 이 기록에서 보이는 장수왕의 평양성(서경)은 한반도에 있는 것이 아니고 동녕부가 동녕로로 승격되었으므로 동녕부도 요양에 설치된 것으로 봐야 한다.

---

21) 李賢等 撰, 『大明一統志』 卷26, 遼東都指揮使司 古蹟.

[사료4]『資治通鑑』音注-
고려의 왕건이 국경 한계를 혼동강으로 정하여 지키게 하면서 혼동강 이서
는 점유하지 못하였다. 혼동강은 곧 압록수이다.22)

위의 [사료1] ~ [사료4]의 기록을 정리해 보면

① 혼동강이 여진의 발원지에서 시작하여 바다로 흘러가는데 그 하류가 요해가 되면서 요동과 요서를 나누는 기준이 된다.
② 혼동강은 요동과 요서를 나누며 압록수라고도 하므로 혼동강, 압록수, 압록강은 모두 요하의 다른 이름임을 알 수 있다. 앞의 [지도 2]를 참조하면 이해하기 쉽다.

[사료5]『遼史』「地理志」
한나라 말년에는 공손탁(公孫度)이 이곳을 차지하여, 아들 公孫康에게 전해지고 손자 公孫淵이 燕王을 자칭하고 紹漢이라 연호를 세웠으나, 魏나라에 멸망되었다. 晉나라가 高麗를 함락시키자 뒤에 慕容垂에게 귀의하였다가 그 아들 慕容寶가 고구려의 왕 高安을 平州牧使로 삼아 그곳에 살게 하였다. 元魏 太武帝가 그가 살고 있는 平壤城으로 사신을 보내니, 요나라 東京이 본래 이곳이다.

위의 기록은 장수왕의 평양성은 요나라 東京과 일치한다고 하였으므로 요나라 동경 곧 遼陽이 장수왕의 평양성이라는 이야기다.

---

22)『資治通鑑』音注-

[사료6] 『新唐書』「地理志」卷43下

등주(登州)에서 동북쪽 바다로 가다가 대사도(大謝島), 귀흠도(龜歆島), 말도(末島), 오호도(烏湖島)에 이르면 300리이다. … 또 진왕석교(秦王石橋), 마전도(麻田島), 고사도(古寺島), 득물도(得物島)를 지나 1,000리를 가서 압록강 당은포구(唐恩浦口)에 이른다. 압록강 어귀에서 배를 타고 100여리를 가고, 이내 작은 배를 타고 동북쪽으로 30리를 거슬러 올라가면 박작구(泊汋口)에 이르는데 발해의 경계가 된다. 다시 500리를 거슬러 올라가면 환도현성(丸都縣城)에 이르는데, 옛 고구려 왕도이다. 다시 동북쪽으로 200리를 거슬러 올라가면 신주(神州)에 이른다. 또 육지로 400리를 가면 현주(顯州)에 이르는데, 천보(742~756) 연간에 왕이 도읍한 곳이다. 또한 정북으로 가다가 동쪽으로 600리 가면 발해왕성(渤海王城)에 이른다.

麻田島, 古寺島, 得物島를 지나면 천여 리가 되는데 그곳에 압록강 당은포구가 있다고 했다. 이 3개 섬의 위치를 놓고 그간 여러 견해가 있었다. 주로 이름이 유사한 섬을 찾아 우리나라 서해안에 있다고 믿고 있었다. 그러나 아래의 사료를 살펴보자. 이 섬 이름이 명대까지 살아남아서 사서에 기록되어 있고 지도도 남아 있다.

[사료7] 『圖書編』

遼河渡·古寺島·為廣寧衛界, 麻田島·平島為海州衛界.

이 문장을 번역하면 "요하도와 고사도는 광녕위와 경계가 되고, 마전도와 평도는 해주위와 경계가 된다."는 이야기이다. 광녕위는 명나라 때 요서를 방어하는 중진이다. 해주위는 요동반도 남쪽에서 해안을 방어하는 중진이다. 이것으로 보건데 고사도, 마전도, 득물도는 지금의 요동과 요서를 구분하는 요하 유역으로 가는 노정에 있는 것임을 알 수 있다. 오늘

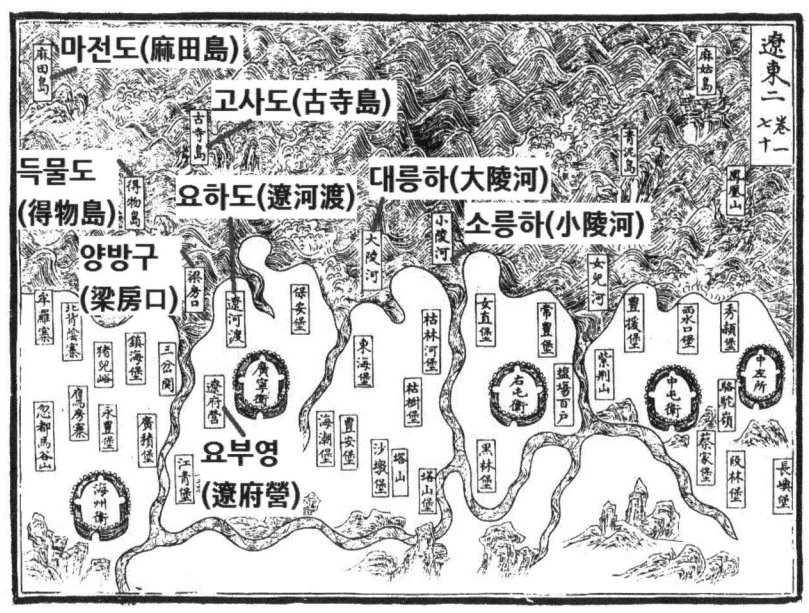

[지도3] 『주해도편』에 나타나고 있는 고사도, 마전도, 득물도23)

날의 압록강 유역이나 우리나라 서해에는 없다는 분명한 기록이다.

麻田島, 得物島, 古寺島가 요하 유역에 위치하는 명대의 지도도 존재한다. 바로 명대에 제작된 『籌海圖編』이다. 『주해도편』은 명나라가 왜구를 방어하기 위해 모든 중국 해안의 섬을 표시한 古籍이다. 『주해도편』의 지도를 인용해 마전도, 고사도, 득물도의 위치를 살펴보면 [지도3]과 같다.

다른 하나는 당은포구에 대한 기록이다.

---

23) 3개의 섬이 모두 〈遼東二〉라는 제목과 함께 요하 유역에 존재하고 있음을 알 수 있으며 『신당서』 「지리지」 등 다른 기록과 일치하고 있다. 이로써 보면 『신당서』 「지리지」 '가탐도리기'에 나오는 압록강 당은포구는 요하 유역의 당은포구일 수밖에 없다.

[사료8] 『圖書編』의 唐恩浦口 관련 기록

참장(叅将)은 唐恩浦口를 경유하거나 혹은 濊貊과 沃沮를 경유하여 바로 부여에 도착하도록 하고 서쪽으로 향하여 몽골의 大寧에 도착하도록 하였다.24)

위의 기록은 명나라 때 기록이다. 내몽골에 위치한 大寧에 파견하기 위해서 요동의 참장을 파견하였는데, 압록강의 당은포구나 옥저, 예맥, 부여를 거쳐 서쪽으로 길을 돌려 대녕으로 간다는 기록이다. 당은포구→부여→대녕, 또는 옥저→예맥→부여→대녕 노정임을 알 수 있다. 『신당서』의 압록강이 현재의 압록강이라면 몽골의 대녕에 가기 위해 지나가야 하는 부여가 압록강 상류에 있어야 하고, 압록강 상류로 향하다가 정반대 쪽에 있는 몽골로 간다는 것인데 논리적으로 맞지 않는다. 몽골로 가는데 지금의 압록강에서 배를 타고 정반대 방향으로 거슬러 몽골에 간다는 이야기가 되기 때문이다. 『신당서』 기록의 압록강 당은포구는 현재의 발해 하구 최대 항구인 영구항 부근을 말해야 사료의 해석이 맞을 수밖에 없다. 즉 압록강은 요하가 될 수밖에 없으며 마전도·고사도·득물도는 요하로 가는 길목에, 압록강 당은포구 역시 요하 하구의 포구가 되어야 한다.

[사료9] 『武經摠要』 前集 卷16下

鴨綠水는 高麗國의 서쪽에 있으며, 靺鞨國에서 발원한다. 水色이 鴨頭와 비슷하다. 遼東에서 五百里이며, 高麗의 中地이다. 이 압록수는 물이 매우 맑

---

24) 『圖書編』. 叅将經唐恩浦口或經濊貊沃沮直抵扶餘而西入大寧矣. 契丹曾置通吳軍其道由此我太祖平定前元于古會州之地設大寧都司及所屬營州等衛以為外藩籬.

고 이 강을 天塹으로 삼는다. 강의 너비는 三百步이며, 平壤城 西北 450里에 있다.

이 기록을 보면 고구려의 압록수는 고구려의 서쪽에 있어야 하며 말갈국에서 발원해야 한다. 말갈국은 요하 상류의 말갈 백산(장백산)이 중심지다. 또한 압록강이 평양 등 고려를 지키는 천해의 요새가 되어야 한다. 현재의 압록강이 평양을 지키는 요새라면 압록강 주위에 견고한 산성들이 수없이 많이 있어야 하는데 그렇지 못하다. 오히려 요하 유역을 따라 올라가면서 고구려의 견고한 도시와 산성들이 포진되어 있다. 평균 강 폭도 300보, 곧 최소 500미터가 넘어야 한다. 이 기록의 압록강은 현재의 압록강이 될 수 없다.

이처럼 사료에서 살펴본 바와 같이 14세기 이전의 압록수와 압록강은 현재의 압록강이 될 수 없다. 압록강이 요동과 요서를 가르는 기준이 된다고 하였으니 요하가 될 수밖에 없다.
위의 기사들을 정리해 보면,

① 고려 태조 王建이 高氏를 대신하여 新羅, 百濟, 高句麗를 하나로 통일하여 松岳을 수도로 삼아 東京이라 불렀고,
② 平壤을 西京이라 불렀으며
③ 至元 七年 正月 그 西京을 원나라가 내속시켜 東寧府로 삼도록 하였고
④ 이 동녕부가 동녕로로 승격되었다

가 주요 내용이다.

Ⅳ. 高麗와 元의 국경 慈悲嶺이 연산관으로

고려와 원의 국경선 관련 기록은 다음과 같다.

『元史』卷7 世祖4
지원 7년 春正月 갑인일에 고려국왕 王植이 사신을 파견하여 무리 700명을 거느리고 원의 수도에 가려고 하였는데 그 중 400여 명은 서경에 머무르도록 하였다. 고려 서경은 동녕부에 내속되어 자비령을 고려와의 경계로 하였다.25)

그렇다면 이 사료에 나타나는 고려와 원나라의 국경이 되는 자비령의 위치는 어디일까. 기존에는 동녕부의 위치를 북한 평양이라고 주장하여 평양 이남에 고려와 원의 경계가 있어야 하므로 자비령을 동녕부 이남 황해도에 있다고 주장하였다. 그러나 다음의 사료를 살펴보자. 『대명일통지』 「조선편」에 자비령이란 지명이 나온다.

『大明一統志』卷89 「外夷 朝鮮國」
慈悲嶺-在平壤城東一百六十里. 元時劃此爲界.26)

자비령은 평양성 동쪽 160리 지점에 있으며 원나라 시기 이 자비령을 원과 고려의 경계로 삼았다는 기록이다. 이것은 『대명일통지』 「조선편」의 기

---

25) 『元史』卷七 世祖四, 至元 7年 春正月.
26) 『大明一統志』卷89, 外夷 朝鮮國.

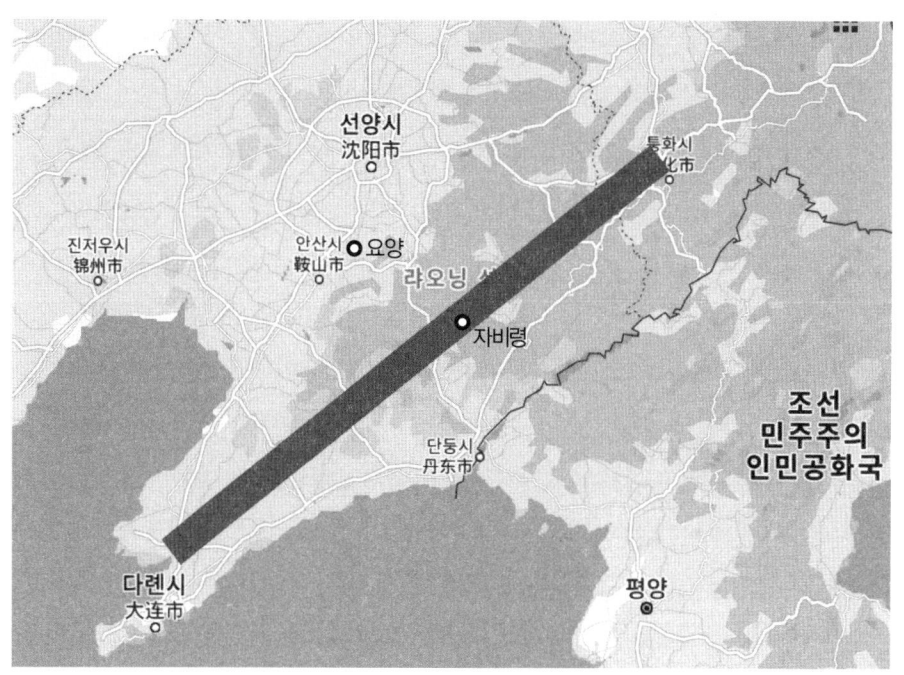

[지도4] 장백산록 표시도(자비령 포함)

록이므로 여기에 등장하는 자비령과 평양성이 한반도에 위치한다고 볼 수도 있다. 즉 자비령은 원나라 때부터 국경선이었다는 것이다. 여기서 중요한 것은 평양성 동쪽이라는 방향이다. 지금 평양의 동쪽 160리에는 자비령이 없다. 그렇다면 위의 기록에 나오는, 원의 경계가 되는 자비령은 역시 장수왕의 평양성 동쪽 160리에 있다는 기록으로 봐야 하고, 평양성은 곧 요양이므로 요양 동쪽 160리에 자비령이 있어야 한다. 『대명일통지』에 나오는 평양성은 장수왕이 천도한 평양성이고 요양을 가리키고 있음에 주목할 필요가 있다. 그렇다면 요양 동쪽 160여 리는 어디일까. 실제 사행들이 요양에서 출발해서 도착하는 160여 리 지점은 조선에서 명으로 들어가는 첫 관문인 연산관 부근으로 이곳의 원대 지명이 자비령이었음을 알 수 있다([지도4]).

이러한 사료들을 종합해 보면 모든 중국 사료들은 장수왕의 평양성, 동녕부, 동녕로, 서경을 동일한 곳으로 기록하고 있으며 그 중심에 요양이 있음을 알 수 있다. 그리고 요양 동쪽 160여 리가 자비령으로 원과 고려의 국경이었으며 이것이 명나라로 연결되면서 그대로 조선과 명의 국경이 되었음을 알 수 있다.

　이처럼 고려와 원의 국경이 되었던 자비령은 명나라로 들어오면서 조선과 명의 국경이 되어 연산관이라는 이름으로 등장한다. 그리고 원 시기 동녕부를 승격시켰던 동녕로라는 지명도 사라지게 된다. 왜냐하면 명대 요동은 명과 북원이 치열하게 각축을 벌이면서 군사지역이 되어 원나라 시기에 사용하던 행성 제도가 폐지되었기 때문이다. 이로써 원대의 행정단위인 행성, 로, 부, 주, 현이 다 폐지되고 군사 편제인 도사, 위, 소가 중심이 되면서 요동은 遼東都指揮使司 중심으로 재편되었다. 그리고 원 시기의 東寧路 대신에 東寧衛를 신설했다. 요동도사 아래 25개의 衛를 설치하였는데 그중의 하나 東寧衛였다. 이 동녕위의 기원은 어디일까. 당연히 원나라 시기의 동녕부-동녕로 체제에서 그 이름을 계승한 것이다. 즉 원대의 요양에 설치하였던 동녕부-동녕로에 거주하던 고려, 조선사람들을 다시 모집하여 요양을 방어하는 동녕위를 설치하였던 것이다.

　명대의 요동은 산해관 관문을 지키는 동쪽의 요충지로 요동도사 체제를 통해 관할하였다.[27] 앞에서 언급한 것처럼 명대 요동은 요동도사와 위, 소 중심의 군정 체제로 전환되면서 원나라 시기의 行省, 路, 府, 州, 縣 체제를 폐지하고 군정에 적합한 都司 체제로 개편하였다. 그리고 도사 아래에 25개의 衛를 가지고 있었다. 동녕위는 고려와 조선인들을 중심으로

---

27) 『遼東志』 卷2. 建置志

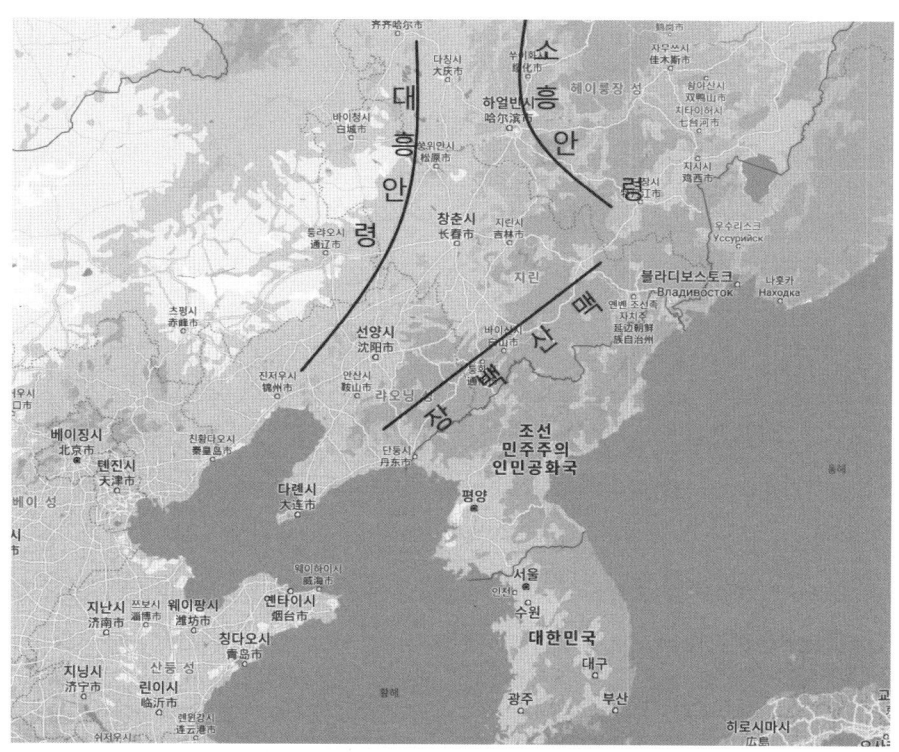

[지도5] 중국 동북지역 산맥 분포도
백두산에서 압록강 쪽으로 장백산맥이 형성되어 있다.
압록강에서 요양에 이르기 위해서는 5박 6일동안 이 험순한 고개를 넘어야 한다.

구성되었다는 데 중요한 의미가 있다.28) 이 동녕위의 조선인들은 명의 위, 소에 편입되어 있으면서 명 시기 내내 조선과의 외교, 통역, 사행단 보호, 변경 방어 등 대조선 외교와 군사 활동에 적극적으로 참여하였다. 조선인이 압록강을 건너 동녕위로 도망했을 경우 오히려 명은 그들을 조선으로 돌려보내지 않았다. 당시 요동은 많은 인구가 필요하였기 때문이다. 오히

---

28) 『遼東志』卷3. 兵食志 武備.

려 넘어온 인구에 대해 좋은 대우와 함께 그들을 회유하여 동녕위에 편입시켜 변경을 방어하는 역할을 맡겼다. 홍무 19년(1386)에 설치된 동녕위는 요동도사의 치소인 요양을 방어하는 한 축이었으므로 원대의 동녕부와 동녕로와 마찬가지로 요동도사의 치소인 지금의 요녕성 요양시에 설치되었다.

그리고 연산관에 선으로 그을 수 있는 조선과 명의 국경선이 형성되었다고 보기는 힘들다. 『조선왕조실록』에는 압록강~연산관에 이르는 180리 지역이 양국의 충돌을 막기 위한 국경지대로 설정되어 있었다고 기록하고 있기 때문이다. 이처럼 180리가 국경지대로 설정될 수 있는 것은 요양을 지나 압록강에 이르는 지역은 백두산에서 시작된 장백산맥이 압록강 유역으로 뻗어 내려와 형성된 험준한 산악지역이기 때문이다.

그렇다면 1480년대 이전 명나라 사신들은 조선과 명의 국경을 어디로 이해하고 있었을까. 경태 년간 조선에 사신으로 왔던 예겸(倪謙)의 『朝鮮紀事』를 참조해 보자.

『朝鮮紀事』

병술일에 요동(요양)을 출발했다. 요동도사에서 동녕위 지휘 1명과 백호 4명을 보내 군마 2백 필을 이끌고 호송해 주었다. … 요동에서 압록강까지 예전에는 참(站)이 있던 곳이지만 지금은 없어졌다. 그래서 관리들이 장방 곧 천막을 갖고서 따라다녔다. 고려총과 두관참, 차령을 지나 낭자산 아래에 이르러 인가에서 묵을 수 있었다.

무자일에 신채를 출발해서 고령을 지나 東山關東 입구에 이르러 묵었는데 이곳이 華夷의 경계가 되는 곳이다. 기축일에 동관을 출발해서 분수령을 지나 용봉산에 이르러 야영했다. 경인일에 용봉산을 출발해서 팔도사열령을 지나 봉황산 아래에서 야영하였다. 신묘일에 봉황산을 출발해서 개주참을 지나

東湯站에 이르니 조선의 의주병마절제사 조석강이 병사를 이끌고 천막을 치고 강가에서 맞았다가 연회가 끝난 뒤에 먼저 가고 군마가 뒤따라 나갔다. 강을 건너 의주 성 밖에 다다르자 조석강이 속관을 이끌고 조서를 맞이하여 의주의 의순관으로 들어갔다.29)

위의 기록을 정리해 보면 요양-고려충-두관참-차령-낭자산-고령을 지나면 東山關 동쪽 입구에 이르는데 이곳이 화이의 경계라고 하였다. 곧 조선과의 경계라는 의미이다. 그리고 다시 출발해 압록강에서 가까운 동탕참에 이르자 조선 의주병마절제사가 마중 나와서 맞이했다는 이야기로 정리할 수 있겠다. 즉 동관을 벗어나면 명의 병사가 없는 국경 지역임을 알 수 있다. 즉 1480년 이전에는 동관 곧 연산관이 화이의 경계라는 의미이다. 그러나 1480년 이후가 되면 봉황성에 명나라가 성보를 쌓고 동녕위의 사람들이 다수 봉황성으로 이동해 옴으로써 원대의 자비령 곧 연산관보다 더 동진하면서 국경지대가 180여 리에서 100여 리로 좁아지게 되었다. 이후 봉황성 책문은 청대까지 유지되었다.

V. 결론

본 연구에서 중국 사서들이 장수왕의 평양성, 원의 동녕부·동녕로, 명대의 동녕위가 서로 연관되어 있다는 관점에서 그 위치와 국경의 문제를 서술해 보았다. 중국의 사료들은 장수왕의 평양성이 요동 요양에 있으며 이 평양성이 후에 서경이 되었다고 기록하고 있다. 이 서경을 들어 최탄 등

---

29) 倪謙, 『朝鮮紀事』 景泰 元年(1450) 정월 丁丑 초하루~戊子.

이 60여 성과 함께 몽골에 귀부하자 몽골이 이를 동녕부로 삼았으며 다시 동녕로로 승격시킨 것으로 기록하고 있다. 『고려사절요』 등의 기록에는 1290년에 동녕부가 폐지된 것으로 나오지만, 중국의 사료에서는 동녕부가 동녕로로 승격된 것으로 나와 한국과 중국의 기록에 차이가 있었다. 북한 평양의 동녕부가 폐지되고 요동으로 옮겨갔다는 견해가 있기는 하나 이전하였다는 기록은 찾을 수 없었다. 만약 『고려사』의 기록대로 동녕부가 1290년에 폐지되었다고 한다면, 고려말 동녕부 정벌을 설명할 수 없다. 이미 폐지된 동녕부가 요동으로 옮겨갔다는 이론 자체가 논리적으로 설득력이 없기 때문이다. 오히려 중국의 기록들대로 고려 말의 동녕부 공략시 그 위치가 지금의 환인과 요양을 포함하는 요동 지역이므로 오히려 동녕부의 위치는 애초부터 요동에 있었다고 보는 것이 더 합리적이다. 이러한 동녕부·동녕로의 기록과 관련하여 자비령이 고려와 원의 국경선이 되었다고 사료들은 기록하고 있다.

필자는 기존 한국 학계에서 인용되지 않았던 다양한 중국의 사료들을 제시하여 14세기 이전의 사료에 나타나는 장수왕의 평양성은 요양이며, 요양이 후에 서경이 되었고, 이 서경이 최탄 등의 귀부로 동녕부가 되었다가 다시 동녕로로 승격하였음도 사료를 통해 밝혀 보았다. 그리고 장수왕의 평양성 위치를 확고히 하기 위해 14세기 이전 압록수와 압록강이 요하가 되어야 함을 추적해 보았다. 그리고 다시 명이 건국되면서 원대의 동녕로가 동녕위가 되었고 고려와 원의 국경이 되는 자비령도 황해도가 아니라 요양(평양성) 동남쪽 160리 지점인 연산관 고개가 되어야 한다는 것도 고찰해 보았다.

■ 참고문헌

〈한국사료〉
- 『高麗史』, 『高麗史節要』, 『朝鮮王朝實錄』

〈중국사료〉
- 『建炎雜記』, 『大明一統志』, 『圖書編』, 『元史』, 『武經摠要』, 『兩朝綱目備要』, 『籌海圖編』, 『新唐書』, 『御批歷代通鑑輯覽』, 『五禮通考』, 『遼東志』, 『遼史』
- 『遼海編』, 『資治通鑑』, 『朝鮮紀事』, 『朱子語類』, 『朱子五經語類』, 『太平寰宇記』, 『通鑑』, 『欽定續通志』, 『欽定大清一統志』, 『欽定續文獻通考』

〈단행본〉
- 남의현, 『명대요동지배정책연구』, 강원대학교 출판부, 2008.
- 복기대 외, 『고구려의 평양과 그 여운』, 주류성, 2017.
- 윤한택 외, 『압록과 고려의 북계』, 주류성, 2017.
- 윤한택, 『고려국경에서 평화시대를 묻다』, THE PLAN, 2018.

〈논문〉
- 남의현, 「明前期 遼東都司와 遼東八站占據」, 『明淸史硏究』, 명청사학회, 2004.
- 남의현, 「중국의 〈중조변계사〉를 통해 본 한중 국경문제」, 『인문과학연구』 57, 강원대학교 인문과학연구소, 2018.
- 복기대, 「신당서의 가탐도리기 재해석」, 『인문과학연구』 57, 강원대학교 인문과학연구소, 2018.
- 유재춘, 「중근세 한중간 국경완충지대의 형성과 경계인식」, 『한일관계사연구』 39집, 한일관계사학회, 2011.
- 허우범, 『여말선초 서북 국경선 연구』, 인하대 박사학위 논문, 2020.

『대청광여도』 확대지도(p75)

조선 초기 對明 관계와 공험진

조선 초기 對明 관계와 공험진*

한 성 주

I. 머리말
II. 명의 여진 초무와 여진의 조선 복속 상황
III. 명의 11처 여진 초무와 조선의 대응
IV. 명의 동맹가첩목아 초무와 조선의 대응
V. 맺음말

---

* 이 글은 『백산학보』 103집(2015.12)에 수록한 것을 수정·보완한 것임.

I. 머리말

　14세기는 동아시아의 격동기였다. 1368년 건국된 明은 元을 무너뜨렸고, 1392년 건국된 朝鮮도 고려를 대신하였다. 1392년 일본에서도 무로마치[室町] 막부가 남북조의 혼란을 통일하였다. 명은 북경을 장악하였지만 아직 만리장성 이북을 완전하게 통제하지 못하였고, 특히 요동 지역에는 그 힘을 미치지 못하고 있었다. 명이 요동에 진출하기 시작한 것은 나하추[納哈出] 등 원의 잔여 세력을 공격하기 시작한 1380년대 후반에서부터였다. 이즈음인 1387년(명 홍무 20, 고려 우왕 13), 명은 고려에 鐵嶺 북쪽과 동쪽, 서쪽이 원래 開原 관할이므로 이곳에 속해있던 군민으로 한인, 여진인, 달달인, 고려인은 종전대로 요동에 속하게 한다고 통보하여 왔다. 즉 명은 鐵嶺衛1)를 설치하여 과거 원이 지배했던 요동의 영토를 모두 명에 귀속하고자 하였다.

　고려에서는 명의 철령위 설치에 대해 철령으로부터 公險鎭까지는 예부터 고려의 땅이었음을 주장하였지만, 명 洪武帝는 철령의 人戶는 반드시 요동에 예속되어야 하고, 고려의 주장을 믿을 수 없다고 하였으며, 결국에는 철령위 설치를 통보하였다. 명의 철령위 설치에 자극받은 고려는 요동 정벌을 단행하였지만, 이성계의 위화도 회군으로 정권이 바뀌게 되었고, 이후 조선으로의 왕조 교체가 이루어졌다. 고려와 그리고 이후 조선은 이성계의 위화도 회군을 통해 철령위로 대변되는 요동 문제에서 잠시 마찰을 멈추었지만, 명이 요동에 대한 영향력을 확대하는 과정에서 조선과의 외교 문제가 발생할 수밖에 없었다.

---

1) 최근의 연구성과들을 보면, 명이 설치하려던 철령위의 위치가 기존의 강원도와 함경남도의 경계가 아니라고 보고 있다. 대표적으로는 오늘날 중국 집안이라는 주장(박원호, 2006, 「鐵嶺衛 위치에 관한 再考」『동북아역사논총』13)과 본계시 일대라는 주장(복기대, 2010, 「철령위 위치에 대한 재검토」『선도문화』9)이 있다.

한편 명의 홍무제가 소위 釁端과 侮慢 등의 이유로 조선 정벌을 운운한 것이나, 조선이 보낸 외교문서인 表箋의 문구를 트집 잡은 것은 역설적으로 요동 지역에 아직 그 영향력을 미치지 못하였다는 것을 보여준다. 결국 명은 요동과 가까운 조선을 견제하려는 목적이 있었는데, 이것은 오히려 조선을 자극하여 鄭道傳을 중심으로 한 요동 정벌 계획으로 이어졌다.

이후 명에서 홍무제의 죽음과 정난의 변[靖難之變]으로 永樂帝가 즉위하고, 조선에서 제1·2차 왕자의 난으로 정도전이 죽고 李芳遠이 태종으로 즉위하면서 양국의 마찰은 다시 피할 수 있었다. 명과 조선에서 새로운 정권의 수립으로 안정적으로 진행되던 양국의 관계는 대외확장정책을 펴던 영락제가 요동으로 영향력을 확대하는 과정에서 또다시 외교적인 마찰을 겪었다. 이에 대해 조선은 역시 공험진 이남은 예부터 조선의 지면(地面)임을 주장하였다.

어쩌면 공험진2)은 그 정확한 위치에 관련 없이 조선 초기 명과 조선의 관계를 대변하는 것이었다고 할 수 있다. 그동안 조선 초기 대명 관계 연구는 많이 진행되어 왔고, 그 과정에서 공험진에 대해 언급되어 온 것은 사실이다.3) 본고에서는 기존의 연구 성과들을 계승하면서 조선 초기 대명 관계 속에서 공험진이 가지는 역사적 함의를 찾아보고자 한다. 즉 공험진

---

2) 윤관이 실시한 여진 정벌의 범위, 그리고 9성과 공험진의 위치에 대해서는 많은 논란이 있어왔다. 즉, 일제강점기 식민주의 학자들이 주장한 함흥 중심설, 조선후기 실학자들의 길주 이남설, 조선전기의 여러 사료를 바탕으로 한 두만강 이북 7백리설, 길주 이남설과 두만강 이북 7백리설의 절충적 성격을 갖는 두만강 유역설 등이 있어 왔다. 본고는 위치 고증의 글이 아니므로 각각의 학설에 따른 연구 성과를 언급하지는 않는다.
3) 본 연구와 관련되어서는 다음과 같은 연구 성과들이 있다. 김구진, 1973, 「麗末鮮初 豆滿江 流域의 女眞 分布」, 『백산학보』 15; 김구진, 1977, 「尹瓘 9城의 範圍와 朝鮮 6鎭의 開拓 -女眞勢力 關係를 中心으로-」, 『사총』 21·22 합집; 박원호, 1990, 「永樂年間 明과 朝鮮間의 女眞問題」, 『아세아연구』 85; 신정훈, 2003, 「麗末鮮初 對女眞政策과 東北面의 領域擴大」, 연세대학교 석사학위논문; 박정민, 2007, 「朝鮮 太宗代의 東北面 女眞政策」, 전북대학교 석사학위논문; 유재춘, 2011, 「중·근세 韓·中間 국경완충지대의 형성과 경계인식 -14세기~15세기를 중심으로-」, 『한일관계사연구』 39; 유재춘, 2012, 「麗末鮮初 朝·明간 女眞 귀속 경쟁과 그 意義」, 『한일관계사연구』 42; 남의현, 2012, 「元末明初 朝鮮·明의 요동쟁탈전과 국경분쟁 고찰」, 『한일관계사연구』 42.

은 명의 요동으로의 진출과 영향력 확대 과정에서 요동에 인접한 조선이 평화적이고 외교적으로 명에 대응할 수 있는 논리 가운데 핵심적 사안이었다. 따라서 공험진으로 대변되는 조선의 역사적 권원 주장과 실효적 지배라는 주장이 제기되는 과정을 살펴보고, 조선의 이러한 평화적이고 외교적인 대응에 명도 조선의 주장을 인정하였음을 살펴보고자 한다. 덧붙여 조선 초기에는 공험진의 위치에 대해서 두만강 이북에 있었다고 확고하게 인식하고 있었음을 밝히고자 한다.

II. 명의 여진 초무와 여진의 조선 복속 상황

명의 영락제는 즉위 후 요동 지역으로의 진출과 영향력 확대를 위해 여진을 招撫하기 시작하였다. 명의 여진 초무는 두 가지 방향에서 전개되었는데, 하나는 압록강·두만강 유역의 여진을 초무하는 것이고, 다른 하나는 흑룡강 유역의 여진을 초무하는 것이었다.[4] 1403년(명 영락 1, 조선 태종 3) 영락제는 女眞文字로 된 勅諭를 내려 吾都里(斡朶里)·兀良哈·兀狄哈 등을 초무하여 조공을 바치게 하였는데,[5] 이것은 명이 요동 지역으로 진출하고자 하는 의도였다.

조선은 영락제의 여진 초무 칙유에 대해 三府가 모여 여진의 일을 의논하였는데, 삼부가 회의한 이유는 여진 등이 본래 조선에 속하였기 때문이었다.[6] 여진이 본래 조선에 속한다고 하는 『조선 태종실록』의 서술은 역시 고려시대 이성계의 세력 기반이 동북면 및 두만강 유역 내외였다는 점에

---

4) 박원호, 1990, 「永樂年間 明과 朝鮮間의 女眞問題」, 『아세아연구』 85, 238쪽.
5) 『태종실록』 권5, 태종 3년 6월 신미.
6) 위와 같음[女眞等本屬于我, 故三府會議].

기인한다. 또한 이성계는 조선을 건국한 이후인 1395년(명 홍무 28, 조선 태조 4) 자신에게 종군하였던 27명의 여진인에게 만호와 천호 등의 관직을 주는 포상을 단행하였는데([표1]),7) 이들의 거주지는 이성계의 세력 기반인 동북면 및 두만강 유역이었다.

즉 『용비어천가』를 보면, [표1]에 보이는 지명 중 斡朶里, 火兒阿, 托溫, 移闌豆漫, 阿都哥, 實眼春, 海通, 兀兒忽里, 紉出闊失, 土門, 阿木剌, 古州, 速平江, 眼春 등은 두만강 이북 지역으로 설명되어 있다. 이들 지역은 가깝게는 두만강 바로 건너편부터 멀리는 이란두만(이·란투먼)이라 불리던 三萬戶 부근까지였다. 삼만호는 알타리, 화아아(홀·아), 탁온(타·온)의 세 성을 이란두만이라고도 하고, 세 사람의 만호가 그 땅을 나누어서 다스리기 때문에 그렇게 부른 것이다.8) 그러나 삼만호는 元代에 설치한 5만호부인 挑溫, 胡里介, 斡朶憐, 脫斡憐, 孛若江萬戶府 지역으로 合蘭府 水達達 等路에 예속되어 있다가,9) 이 중 牧丹江 어귀에서 멀리 떨어져 있던 탈알린, 패약강은 떨어져 나가고 그 나머지 삼만호부만 남아서 존속하였다.10)

원대에 이 지역에 여진 5만호부를 설치하고 合蘭府 水達達等路에 예속시킨 것을 보면, 이 지역에 다수의 여진인이 살고 있었고, 합란 또는 海蘭, 曷懶, 合懶로 불리는 지역이 상당히 광범위하였던 것을 알 수 있다. 지금의 지명 依蘭 역시 이것과 관련이 있거나 영향을 받은 것으로 생각된다. 그런데 [표1]의 古州(·구쥬)를 거주지로 한 혐진(혐·진)올적합과 관련되어서는 『용비어천가』에 다음과 같은 설명이 있다.

---

7) 『태조실록』 권8, 태조 4년 12월 계묘; 『용비어천가』 권7, 제53장.
8) 『용비어천가』 권7, 제53장.
9) 『元史』 地理志, 合蘭府 水達達等路; 『北塞記略』 江外記聞.
10) 김구진, 1973, 「麗末鮮初 豆滿江 流域의 女眞 分布」, 『백산학보』 15, 110~111쪽.

[표1] 조선 건국 후 女眞 從軍者들에 대한 포상 명단[11]

종족	지 역	지위	성 명	성명 변화
女眞	斡朶里	豆漫[12]	夾溫猛哥帖木兒(갸·온명거터·물)	童猛哥帖木兒
	火兒阿(홀·아)	豆漫	古論阿哈出(고·론어허·츄)	於虛出
	托溫(타·온)	豆漫	高卜兒閼(갑·불·어)	
	哈蘭都	達魯花赤	奚灘訶郞哈(히·탄하랑·캐)	
	參散	猛安(밍·간)	古論豆蘭帖木兒(고·론두란터·물)	李之蘭
	移闌豆漫(이·란투먼)	猛安	甫亦莫兀兒住(훠이·모월·쥬)	
	海洋(해·연)	猛安	括兒牙火失帖木兒(골·야쾨터·물)	金火失帖木
	阿都哥(어두·워)	猛安	奧屯完者(압·툰원·져)	崔完者
	實眼春(산·춘)	猛安	奚灘塔斯(히·탄타·ᄉ)	
	甲州(·갸쥬)	猛安	雲剛括(·운강·고)	
	洪肯	猛安	括兒牙兀難(골·야오·난)	王兀難
	海通(해·튠)	猛安	朱胡貴洞(쥬·후귀·튠)	童貴洞
	禿魯兀(툴·우)	猛安	夾溫不花(갸·온부·허)	
	斡合(워·허)	猛安	奚灘薛列(히·탄서·러)	劉薛列
	兀兒忽里(울·후·리)	猛安	夾溫赤兀里(갸·온치우·리)	
	阿沙(아·샤)	猛安	朱胡引答忽(쥬·후인다·호)	朱引忽
	紉出闊失(닌쳗·시)	猛安	朱胡完者(쥬·호원·져)	
	吾籠所	猛安	暖禿古魯(년·투구·루)	
		?	奚灘孛牙(히·탄보·야)	
	土門(투·문)	猛安	古論孛里(고·론보리)	
	阿木剌(아모·라)	唐括(탕·고)	奚灘古玉奴(히·탄구유·누)	

---

11) 한성주, 2011, 『조선전기 수직여진인 연구』, 경인문화사, 21쪽에 있는 표를 재사용하며 『용비어천가』에서의 한글 발음을 추가하였다.
12) 豆漫은 萬戶, 猛安은 千戶, 唐括은 百戶를 말한다(송기중, 1992, 「『太祖實錄』에 등장하는 蒙古語名과 女眞語名(II)」『震檀學報』73, 131~132쪽; 김구진, 1973, 「麗末鮮初 豆滿江 流域의 女眞 分布」『白山學報』15, 116쪽).

兀郎哈	土門		括兒牙八兒速(골·야발소)	劉把兒遜
嫌眞(혐·진) 兀狄哈	古州(·구쥬)		括兒牙乞木那(골·야키무·나)	金文乃
			荅比那(다비·나)	
			可兒荅哥(컬더·거)	
南突(남·돌) 兀狄哈	速平江		南突阿剌哈伯顏 (남·돌아라·카바얀)	
闊兒看(골·칸) 兀狄哈	眼春		括兒牙禿成改(골·야투칭·개)	金豆稱介
	24개		27명	

[사료1]

혐진올적합은 부족의 이름이다. 古州는 지명으로 속평강 곁에 있다. 會寧府에서 북쪽으로 이틀을 가면 阿赤郞貴(아치랑·귀)에 이르고, 또 하루를 가면 常家下에 이르는데, 또 4일을 가면 古州에 이른다. 서쪽으로 先春(샨·츈)嶺이 4일 거리이다. … 속평강은 그 근원이 고주의 경계에서 나와 동쪽으로 흘러 바다로 들어간다.13)

---

13) 『용비어천가』 권7, 제53장.

[사료1]을 보면, 고주는 속평강 곁에 있고, 두만강 유역인 회령에서 북쪽으로 아치랑귀→상가하→고주로 이어지는데, 회령에서 고주까지 7일 거리임을 알 수 있다.14) 그리고 고주에서 서쪽으로 4일 거리에 선춘령이 있다고 하고 있다. 이와 관련하여 [지도1]에서 흥미로운 것은 이란두만 지역에서 목단강을 거슬러 남쪽으로 내려가면 오늘날의 寧安市 부근에 古州千戶所가 보이고, 고주천호소에서 서쪽으로 가면 禪春站15)이 보인다는 것이다.

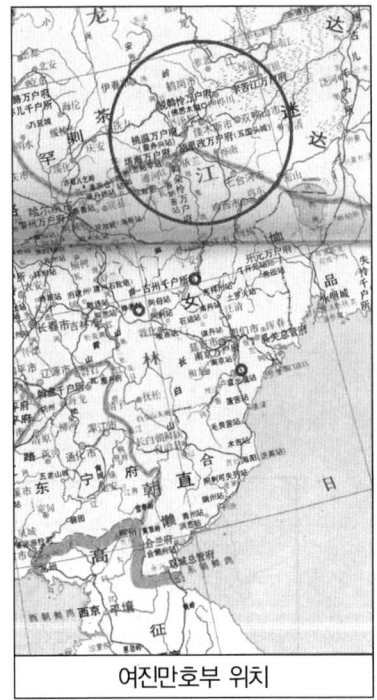 

여진만호부 위치   고주 및 선출참 위치

[지도1] 원대 여진 5만호부(이란두만)와 고주 및 선춘참 위치16)

---

14) 보통 1일에 1백 리를 간다고 하므로, 7일 거리라는 것은 약 7백 리 정도로 볼 수 있다.
15) 원대의 禪春站은 명대에 善出站으로 바뀌어 표시되고 있다([지도2] 참고). 명대 선출참은 '那木剌站 −善出−阿速納合−潭州−古州(北接 幹朶里)−舊開原−毛憐(舊開原南)'으로 이어지는 納丹府東北陸路에 속하였고, 명 초에 건주위와 모련위로 가거나, 건주위와 모련위가 명에 조공하는 길이었다(王錦厚·李健才, 1990,『東北古代交通』, 沈陽出版社, 280쪽).
16) 潭其驤 主編, 1982,『中國歷史地圖集』第7冊, '遼陽行省', 재사용. 왼쪽의 가장 아래 있는 작은 동그라미는 회령의 위치를 나타낸다.

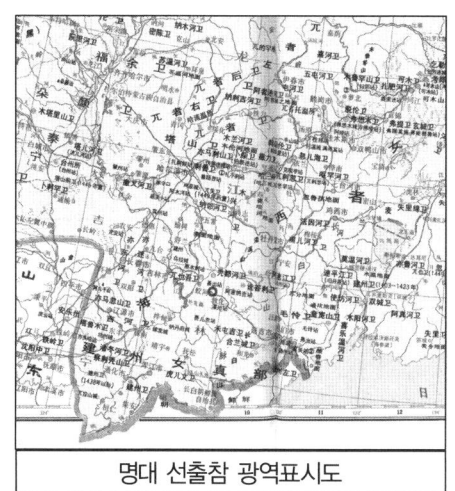

명대 선출참 광역표시도 | 명대 선출참 구체표도

[지도2] 명대 선출참 위치(1)[17]

선춘령은 先春岾으로 표현된 적도 있는데,[18] 禪春과 先春의 발음은 모두 샨·춘이고, [지도1]에 보이는 선춘참의 위치는 [사료1]『용비어천가』에서 설명하는 고주에서 선춘령까지의 거리와 위치에 부합한다.[19] 지도의 선춘참은 老松嶺(일명 老爺嶺, 老斧嶺) 부근인데, 일부 학자들은 노송령을 선춘령으로 비정하기도 하였다.[20] 또한 고려 중기에도 고려가 이 지역 부근까지 진출하였고, 張廣才嶺과 威虎嶺이 고려와 여진 간의 경계였다고 논증한 연구도 있다.[21]

이렇게 보면 조선은 영락제의 여진 초무가 시작되는 1403년 이전에 이미 두만강 이북부터 牧丹江과 松花江이 합류하는 지점인 三姓(ilan)지방,

---

17) 潭其驤 主編, 1982,『中國歷史地圖集』第7冊, '奴兒干都司', 재사용.
18)『세종실록』권86, 세종 21년 8월 임오.
19) 보다 세밀한 고증이 필요하겠지만, 지도를 작성할 때 의도적으로 '先'을 '禪'으로 바꾼 것은 아닌지 의심된다.
20) 김구진, 1976,「公險鎭과 先春嶺碑」,『백산학보』21; 윤여덕, 2012,「尹瓘 九城의 설치범위에 대한 新考察」,『백산학보』92.
21) 허인욱, 2001,「高麗 中期 東北界에 대한 考察」,『백산학보』59.

즉 삼만호, 이란투먼(ilanttumen)까지 여진인들을 초무하여 조선의 관직을 수여하여 복속시키고 있었다. 그러나 한편으로는 원명 교체기 혼란한 상황에서 삼만호 지방의 여진인들이 두만강과 압록강 유역뿐만 아니라 두만강 이남 고려의 동북면까지 남하하여 거주하고 있었던 점이 고려되어야 한다. [표1]에 첫 번째 보이는 斡朶里 豆漫 夾溫猛哥帖木兒(갸·온멍거터·물), 즉 童猛哥帖木兒가 그 대표적인 예로, 당시 동맹가첩목아는 알목하(斡木河, 아목하[阿木河], 회령[會寧])에 거주하고 있었다. 그는 조선 건국 후인 1395년(명 홍무 28, 조선 태조 4)에는 上萬戶로 조선에 내조한 바 있으며,22) 淸 태조 누르하치[努爾哈赤]의 6대조인 먼터무[孟特穆]이다.

이들 兀良哈과 斡都里(斡朶里, 吾都里)는 이란투먼에서 두만강·압록강 유역까지 남하하였지만, 고려에 내조하였으며, 더구나 '옛적에 시중 尹瓘이 우리 땅을 평정하고 비를 세워서 高麗地境이라 하였고, 그 지경 내의 백성이 모두 諸軍事(이성계를 지칭)의 위신을 사모하여 왔음'을 밝히고 있다.23) 공험진과 선춘령의 정확한 위치와는 별개로 이란투먼에서 두만강·압록강 유역까지 남하한 이들은 윤관이 세운 비가 자신들의 땅에 있었다고 말하고 있으므로, 윤관의 비는 두만강 이북에 있었다는 뜻이다.

그리고 이들이 남하하였다고는 해도 이성계의 세력 기반 중 하나가 되었던 여진인들은 두만강 내외에 광범위하게 거주하고 있었기 때문에 조선은 여진인들이 자신들에게 속한다고 생각한 것이다. 따라서 압록강과 두만강을 경계로 하였다고 하면서도, 두만강에 대해서는 강 밖이 풍속이 다르지만, 여진인들이 조선에 내조하고 관직을 받으며, 三軍에 예속되기를 자원하고, 법률을 어기면 벌을 받는 것이 조선의 사람들과 다름이 없었다고

---

22) 『태조실록』 권8, 태조 4년 윤9월 기사.
23) 『고려사』 제46권, 세가 제46, 공양왕 2, 임신 4년 2월 정축; 『태조실록』 권1, 총서.

하였다.24) 결국 조선 건국 직후 요동의 여진인들은 명보다는 조선의 영향력 아래에 있었음을 알 수 있다.

한편 영락제의 여진 초무는 현실화되어 1403년 11월 阿哈出이 명에 來朝하여 建州衛軍民指揮使司가 설치되었고, 아합출은 指揮使로 임명되었다.25) 또한 그해 12월 忽剌溫의 西陽哈 등도 명에 내조하여 兀者衛가 설치되었으며, 서양합 역시 지휘사로 임명되었다.26) 최초의 女眞衛所가 되는 이 두 위는 각지에 산재하여 있는 여진을 초무하는 명의 전초기지 역할을 맡게 되었고, 이후 여진 각 부가 속속 명에 귀부해옴에 따라 명은 여진위소를 차례로 설치해 나가서 奴兒干都司가 설립되는 1409년(명 영락 7, 조선 태종 9)까지 모두 115개의 위소를 설립하였다.27) 그리고 1447년(명 정통 12, 조선 세종 29)까지 모두 184개의 衛, 20개의 所가 설치되었다.28)

처음 명에 내조하여 건주위를 설치 받은 아합출은 [표1]에 보이는 火兒阿(홀·아) 豆漫 古論阿哈出(고·론어허·츄)이다. 조선에서는 종종 於虛出로 표기되었으며, 명에 의해 李誠善이라는 이름과 성을 하사받았는데, 건주본위 李滿住의 祖父였다. 명에서는 아합출(어허출)을 建州衛參政에 제수하고 조선에 칙서를 보내 알렸다.29) 올자위를 설치받은 서양합에 대해

---

24) 『태조실록』 권8, 태조 4년 12월 계묘; 『용비어천가』 권7, 제53장.
25) 『명 태종실록』 권지25, 영락 원년 11월 신축.
26) 『명 태종실록』 권지26, 영락 원년 12월 신사.
27) 박원호, 1995, 「명과의 관계」, 『한국사22 -조선왕조의 성립과 대외관계』, 국사편찬위원회, 320~321쪽.
28) 남의현, 2008, 『明代遼東支配政策研究』, 강원대학교출판부, 195쪽.
29) 『태종실록』 권8, 태종 4년 12월 경오條를 보면, 명에서는 遼東摠旗 張孛羅·小旗 王羅哈 등을 조선에 보내 황제의 勅諭를 전했는데, 建州衛參政을 於虛出에게 제수한다는 것이었고, 또 어허출로 하여금 野人들을 招諭시키고자 하여 勅書를 내려 위로한 것으로 되어 있다. 조선에게 명의 여진 초무의 본격적인 시작을 알린 것이지만, 명은 어허출이 이미 조선의 관직을 받았던 것을 알고 있었다고 생각한다. 당시 명의 영락제 즉위와 조선의 태종 집권에 따라 명과 조선은 우호적인 관계에 들어서고 있었고, 조선의 협조와 도움 없이는 여진 초무가 사실상 불가능하였다고 판단된다. 따라서 명이 이미 조선의 관직을 받은 어허출에게 명의 관직을 준 것에 대해서, 그리고 조선에 복속되어 있는 여진인들을 명에서 초무하고자 조선에 대해 알리고, 일종의 양해를 구했다고도 볼 수 있다.

서는 분명치 않지만, 그가 홀라온이라 밝히고 있는데, 홀라온은 송화강의 지류인 呼蘭河 일대에 자리잡아서 海西女眞의 주류를 이루었다.30)

조선이 여진인들을 종족별로 구분하여 알타리(오도리), 올량합, 올적합, 여진(토착여진)으로 구별한 것에 비해, 명은 지역별로 건주여진, 해서여진, 야인여진으로 구별하였다. 따라서 건주위와 올자위의 설치는 요동 및 압록강·두만강의 여진인에 대한 명의 본격적인 초무가 시작되었다는 것을 의미하고, 조선에 복속되어 이미 관직을 받은 아합출과 같은 자들이 명의 초무를 받아들임으로써 이것은 단순히 명과 여진만의 문제가 아니라 여진을 둘러싼 조선과 명의 새로운 갈등을 야기시키는 것이기도 하였다.

Ⅲ. 명의 11처 여진 초무와 조선의 대응

명의 여진 초무에 응하여 아합출과 서양합이 내조하여 각각 건주위와 올자위가 설치되었지만, 알목하(회령)에 거주하고 있던 斡朶里 豆漫 夾溫 猛哥帖木兒(갸·온멍거터·물, 동맹가첩목아)를 위시한 두만강 중하류 및 동북면 지역의 여진인들은 명의 초무에 응하지 않고 있었다. 오히려 동맹가첩목아는 1404년(명 영락 2, 조선 태종 4) 3월에 명보다는 조선에 내조하였고, 조선에서는 동맹가첩목아가 돌아갈 때 그 아우와 養子, 妻弟를 머물러 두어 侍衛하게 하였다.31) 동맹가첩목아가 시위로서 남겨둔 아우, 처자, 처제는 여진인으로 조선에 머무르면서 시위한 첫 번째 사례가 되는데, 조선에 머물러 시위한 여진인에는 自願侍衛와 依命侍衛 두 가지 종류

---

30) 김구진, 1988, 「13~17C 女眞 社會의 硏究 －金 滅亡 以後 淸 建國 以前까지의 女眞社會의 組織을 中心으로－」, 고려대학교 박사학위논문, 58쪽.
31) 『태종실록』 권7, 태종 4년 3월 무신; 임술.

가 있었다.32) 동맹가첩목아 일족은 시위를 자원했다기보다는 태종의 명에 의해 시위가 이루어졌다고 생각된다.

『조선왕조실록』에 여진인들이 시위를 자원할 경우 대체로 '自願侍衛'라는 용어가 쓰였고, 그 출신 성분이 대부분 하층계급이었다는 특징이 있다. 반대로 추장이나 유력자 등 상층계급일 경우 그 자제들을 조선에서 시위하게끔 종용하는 경우가 있어왔다. 또한 '옛 質子의 법으로 安心 侍衛시키는 것이 羈縻의 上策'33)이라든가 하는 언급을 보면, 상층계급에 대한 시위는 인질로서의 의미가 내포되어 있다고 할 수 있다. 결국 동맹가첩목아의 일족을 조선에 시위하게 한 것은 명의 두만강 유역 여진 초무와 관련하여 조선을 배반하지 못하게 하려는 인질의 의미가 있었다고 할 수 있다.

동맹가첩목아가 돌아간 10여 일 뒤에는 兀良哈 萬戶 波乙所가 내조하였는데,34) 파을소는 [표1]에 보이는 兀郎哈 土門 括兒牙八兒速(골·야발소)로, 즉 劉把兒遜, 劉波乙所와 동일 인물이며, 역시 명의 여진 초무에 응하지 않고 조선에 내조한 것이었다. 태종은 파을소가 내조한 날, 卜護軍 金廷雋·護軍 趙加勿 등을 동북면에 보내어 使臣에게 응대할 事宜를 일렀는데, 바로 명의 사신인 王可仁이 영락제의 여진 초무와 관련된 勅書를 가지고 동북면과 두만강 유역의 여진인들을 초무하러 가기 때문이었다. 결국 명에서 왕가인을 파견하였다는 것은 두만강 유역의 여진인들이 조선에 복속되어 있어 명의 초무가 원활하게 되지 않았음을 의미하고, 조선은 왕가인의 파견에 대비하기 위해 김정준과 조가물을 보냈던 것이다. 왕가인이 가지고 온 영락제의 칙서는 參散·禿魯兀 등 11處의 여진 추장들을 초

---

32) 이현희, 1964, 「朝鮮前期 留京侍衛野人攷 -對野人 羈縻策 一端-」, 『향토서울』 20, 서울시사편찬위원회, 59쪽; 88쪽.
33) 『세종실록』 권89, 세종 22년 4월 병신.
34) 『태종실록』 권7, 태종 4년 4월 계유.

유하는 내용이었으며,35) 그 대상은 다음과 같다([표2]).

[표2] 1404년(명 영락 2, 조선 태종 4) 명의 11처 여진 추장 초유 명단

지역	지위	성명	〈표1〉과의 비교
溪關(縣城)	萬戶	寗馬哈	
參散(北淸)	千戶	李亦里不花(李和英)	參散 猛安(밍·간) 古論豆蘭帖木兒(고·론두란터·물) 李之蘭의 子
禿魯兀(端川)	千戶	佟參哈	〈지역 중복 : 禿魯兀(튤·우)〉
	千戶	佟阿蘆	
洪肯(홍원)	千戶	王兀難	洪肯 猛安 括兒牙兀難(골·야오·난)
哈蘭(함흥)	千戶	朱蹯失馬	〈지역 중복 : 哈闌都〉
大伸(길주 太神)	千戶	高難	海洋(해·연) : 길주와 같은 지역
都夫失里(길주 的曷發)	千戶	金火失帖木	海洋(해·연) 猛安 括兒牙火失帖木兒(골·야큇터·물)
海童(海通)	千戶	童貴洞	海通(해·튠) 猛安 朱胡貴洞(쥬·후귀·툰)
阿沙(이성)	千戶	朱引忽	阿沙(아·샤) 猛安 朱胡引答忽(쥬·후인다·호)
斡合(경성 立巖)	千戶	劉薛列	斡合(워·허) 猛安 奚灘薛列(히·탄서·러)
阿都歌(三姓에서 동으로 4일정)	千戶	崔咬納(崔也吾乃)	〈지역 중복 : 阿都哥(어두·위)〉
	千戶	崔完者	阿都哥(어두·위) 猛安 奧屯完者(앋·툰원·져)
11처		13명	

명에서 초유하고자 했던 11처 지역의 여진 추장은 모두 13명이었다. 이 중 古論豆蘭帖木兒(고·론두란터·물, 李之蘭)의 아들 李亦里不花(李和英)은 아버지의 관하인를 계승하고 있어서 명의 초유 대상이었다. 이역리불화(이화영)가 이지란을 대신하고 있으므로 이를 포함하여 [표1]의 27명과 중복되는 인물은 7명이고, 24개 지역 중 溪關(縣城)을 제외한 10개 지역이

---

35) 『태종실록』 권7, 태종 4년 4월 갑술.

중복된다. 특히 溪關은 훈춘강 서쪽·두만강 동쪽의 縣城, 三散은 북청, 禿魯兀은 端川, 洪肯은 홍원, 哈蘭은 함흥, 大神과 都夫失里는 길주, 三海洋의 泰神과 的曷發, 海通은 實眼春에서 서북으로 3일 노정에 있는 海通, 阿沙는 이성현, 幹哈은 경성의 立巖, 阿都歌(阿都哥)는 三姓(이란두만)에서 동쪽으로 4일 노정이다.36)

당시 명에서 초유하고자 했던 여진 추장들이 거주하였던 곳은 조선의 동북면이 대부분이었다. 이중 阿都歌(阿都哥), 海童(海通), 溪關(縣城)의 3개 지역은 두만강 이북 지역이었다([지도3]) 참고). 사실 이 지역의 추장들

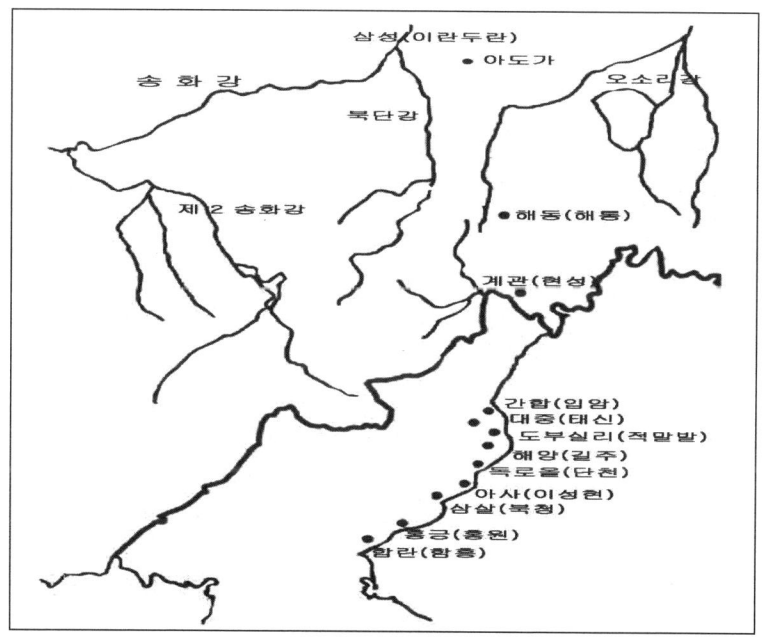

[지도3] 1404년 명의 11처 여진 추장 초유 지역37)

---

36) 신정훈, 2003, 「麗末鮮初 對女眞政策과 東北面의 領域擴大」, 연세대학교 석사학위논문, 48쪽. 신정훈은 『新增東國輿地勝覽』과 『龍飛御天歌』를 근거로 하고 있다.
37) 신정훈, 2003, 위의 논문, 49쪽, '〈지도2〉 태종 4년(1404) 11처 여진추장 송환지역' 지도 재사용.

역시 원거주지보다는 조선의 동북면이나 두만강 유역으로 남하해 있었던 것으로 생각된다.

한편 건주위와 올자위가 설치되었지만 삼성(이란두만)에서 두만강 유역, 그리고 조선의 동북면 지역에 이르기까지의 여진 추장들은 명의 여진 초무에 응하지 않고 있었다. 즉 1404년 명의 11처 여진 추장 초유 명단에는 없지만 [표1]에 나타나며 조선에 내조하였던 동맹가첩목아와 유파아손(파을소) 등이 대표적이었다. 또 왕가인을 파견했음에도 불구하고 명의 여진 초무는 실패하였는데, 勅旨에 응하지 않는 여진인들이 매우 많았기 때문이었다.38)

명의 11처 여진 추장 초유에 대해 태종은 河崙과 權近에게 史庫를 열고 고려의 『睿宗實錄』에서 예종조 때 尹瓘이 東女眞을 치고 변경에 碑를 세운 것을 조사하게 하였는데,39) 이를 근거로 명에 奏本을 보내기 위해서였다. 즉 왕가인이 명으로 돌아갈 때 計稟使 藝文館提學 金瞻을 함께 동행시켜 주본과 地形圖本을 보내고 조선의 동북지방은 公嶮鎭으로부터 孔州·吉州·端州·英州·雄州·咸州 등이 모두 조선의 땅에 소속되어 있다고 하였다.40) 결국 조선은 두만강 이북에 있는 공험진으로부터 두만강 유역의 공주(경원),41) 동북면의 길주~함주는 조선의 땅이라고 주장한 것이다. 그 주요 근거는 다음과 같다.42)

[사료2]
① 고려의 睿宗이 동여진이 난을 일으켜 함주 이북의 땅을 빼앗자 遼에 고

---

38) 『태종실록』 권7, 태종 4년 5월 을사.
39) 『태종실록』 권7, 태종 4년 4월 정유.
40) 『태종실록』 권7, 태종 4년 5월 기미.
41) 慶源을 옛적에는 孔州라고 했으며 匡州라고 하였다(『신증동국여지승람』 권지50, 경원도호부).
42) 『태종실록』 권7, 태종 4년 5월 기미.

하여 토벌할 것을 청하고 군사를 보내어 회복하였는데, 元나라 때 叛民 趙暉와 卓靑이 그 땅을 가지고 항복하였으며, 至正 16년(1356)에 이르러 恭愍王이 원에 申達하여 모두 革罷하고, 공험진 이남을 고려에 還屬시키고 관리를 정하여 관할하여 다스렸습니다.

② 洪武 21년(1388) 명나라에서 太祖高皇帝(홍무제)의 聖旨를 내려 '鐵嶺 이북·이동·이서는 원래 開原의 관할에 속하였으니, 군민을 그대로 요동 관할에 소속시키라'고 하였을 때, 고려에서 즉시 密直提學 朴宜中을 보내 表文을 받들고 가서 호소하여 공험진 이북은 요동에 환속하고, 공험진 이남에서 철령까지는 본국에 환속시켜 주기를 빌었으며, 이에 홍무제가 '철령의 일로 인하여 王國에서 말이 있다[鐵嶺之故, 王國有辭]'하면서, 전과 같이 관리를 정하여 관할해 다스리게 하였습니다.

③ 參散千戶 李亦里不花 등 10처 인원이 비록 女眞 人民에 속해 있기는 하나, 조선의 지면에 와서 거주한 연대가 오래고, 胡人 納哈出 등의 군사와 倭寇의 침략을 여러 번 겪었기 때문에 조잔하여 거의 다 없어지고, 그 遺種의 남아 있는 것이 얼마 없으며, 또 조선의 인민과 서로 혼인하여 자손을 낳아서 부역에 이바지하고 있습니다. 명에서는 홍무 7년(1374) 10월 이전에 다른 고을로 流移하여 일찍이 그곳의 戶籍에 등재되어 부역에 종사하고 있는 자는 논하지 말라고 한 적이 있습니다.

④ 조상이 일찍이 동북 지면에 살았으므로, 玄祖 李安社의 분묘가 현재 공주에 있고, 高祖 李行里와 祖 李子春의 분묘가 모두 함주에 있습니다.

조선은 [사료2]의 ①에서 전 왕조인 고려 예종 때 동여진이 난을 일으켜 함주 이북의 땅을 빼앗자 이를 정벌하여 그 땅을 회복하였고, 원나라 때 고려의 반민 조휘와 탁청이 그 땅을 가지고 원나라에 항복하였지만, 공민왕 때 그 땅을 회복하고 공험진 이남을 고려에 귀속시키고 관할하였음을 주장하였다. ②에서는 명나라의 홍무제가 철령 이북·이동·이서를 요동에 관할시키려고 했을 때 박의중을 보내 공험진 이남에서 철령까지 본국에 환속시키기를 호소하여 전과 같이 관할하게 되었음을 밝히고 있다. ③에서는 10처의 여진 인원이 조선 지면에 와서 거주한 지 오래되고, 이미 조잔하여 남아 있는 것이 얼마 안 되고, 그마저도 조선 인민과 혼인하여 자손을 낳아 조선에 부역하고 있음을 알리고 있다. ④에서는 이안사·이행리·이자춘 등 자신들의 선대의 분묘가 있을 정도로 동북 지면에 대대로 거주하여왔음을 주장하였다.

그러나 무엇보다 중요한 근거는 ①과 ②이다. 조선은 고려 때 윤관의 여진 정벌과 그로 인해 설치한 공험진을 근거로 전 왕조인 고려가 명나라로부터 공험진 이남을 그대로 관할하라는 동의를 얻었음을 주장하였다. 지면(紙面)관계 상 김첨이 가지고 간 주본 전체를 인용하진 않았지만, 주본에 공험진은 총 5차례나 언급되었고 조선은 공험진을 강조하면서 오늘날 영토분쟁 사례에서 중요시 되는 개념인 '역사적 권원(Historic Title)' 뿐만 아니라 이것을 인정받아 '실효적 지배(Effective Control)'가 이루어져왔음을 주장하고 있는 것이다.43)

즉 조선은 공험진 이남에 대해 역사적으로 장기간에 걸친 국가적 행위가 이루어져왔고, 실제적·계속적·평화적인 국가기능의 표시가 이루어져왔다는 근거를 드는 한편, 조선이 이미 명에서 化外를 구분하지 않는 一視同仁의 가운데에 있고, 공험진 이남이 고황제의 '王國有辭'라는 명령을 입었기 때

---

43) '역사적 권원(Historic Title)'이란 국제법상 어떤 상황이 일정의 법적 지위에 있다는 것을 근거한 사실에서 장기간에 걸친 국가의 행위(특히 주권의 행사)와 타국의 묵인에 의해 오래 전부터 그 지위에 있다고 널리 인식되어 온 것을 말한다(정치학대사전편찬위원회, 2002, 『21세기 정치학대사전』, 아카데미아리서치). '실효적 지배(Effective Control)'는 '현실적인 정착'을 의미하는 것이 아니라 '실제적·계속적·평화적인 국가기능의 표시'를 지칭하는 기술적 용어로, 이를 위해서는 어느 국가가 영토의 주권자임을 주장한 적극적인 증거가 존재해야 하며, 주권의 충분한 행사나 표시가 존재하여야 한다는 것이다(세계영토분쟁연구회, 2014, 『세계 영토분쟁의 과거와 현재』, 강원대학교출판부, 275쪽). 당시 '역사적 권원'이나 '실효적 지배'라는 오늘날의 용어는 없었으나, 조선의 주장은 이 개념과 동일하다고 생각된다.

문에, 그곳에 살고있는 女眞 遺種의 人民들을 조선에서 전과 같이 관할하도록 요청하였다.

조선의 외교적인 노력의 결과 마침내 계품사 김첨이 돌아오면서 '上奏하여 말한 參散千戶 李亦里不花 등 10처 인원을 省察하고 准請한다'는 칙서를 가지고 왔다.44) 이것은 조선이 두만강 이북에 공험진이 있으며, 공험진 이남이 조선의 땅이라고 주장한 것을 명이 인정하였다는 것에 큰 의미가 있다.

그러나 명은 11처 지역을 조선의 관할이라고 인정했음에도 불구하고, 계속 여진인들을 초무하려 하였다. 여진인들이 명의 초무를 받아들이지않자 재차 遼東千戶·三萬衛千戶를 파견하여 칙유와 賞賜를 보냈는데,45) 명의 거듭된 여진 초무는 두만강 유역 여진인들의 동요를 불러일으켰다. 조선은 上護軍 朴齡을 東北面宣慰使로 삼아 동북면에 파견하여 동맹가첩목아·유파을소 등이 사신에게 變을 일으키지 못하도록 하였는데, 이때 여진인들이 따르지 않으면 법으로 위협하고, 軍馬로 경계하고 지키도록 하는 것으로 보아 여진인들의 동요가 심상치 않았던 것으로 보인다.46)

Ⅳ. 명의 동맹가첩목아 초무와 조선의 대응

명은 조선의 주장을 받아들여 공험진 이남의 10처 인원을 조선이 관할

---

44) 『태종실록』 권8, 태종 4년 10월 기사.
45) 『태종실록』 권7, 태종 4년 6월 기묘; 갑신條를 보면 遼東千戶·三萬衛千戶 등이 建州衛로 향하려고 조선에 들어왔는데, 여기서의 건주위는 이후 두만강 유역에 설치되는 건주좌위 등을 말한다고 생각한다.
46) 『태종실록』 권8, 태종 4년 7월 계축. 그러나 한편으로 1404년 耽州·耳州·阿赤郎耳·곰픔會 등처의 6명의 여진인이 명에 내조한 기사가 나오는 것으로 보아 여진인 중에는 명과 조선에 대해 이중적 태도를 가지고 있던 자들도 있었다고 생각된다(『태종실록』 권9, 태종 5년 4월 을유).

하도록 하였고, 여진인들이 명의 초무를 받아들이지 않았음에도 불구하고 두만강 유역에 거주하는 여진인들의 초유를 멈추지 않았다. 활발한 대외확장정책을 폈던 영락제는 공험진 이남의 '역사적 권원'이나 '실효적 지배'와는 별도로 그 지역에 거주하는 여진인들이 명에 복속하기를 원하고 있었다. 영락제로 대변되는 명은 조선과 地面, 즉 공험진 이남이라는 지역과 영토를 다투려 한 것이 아니었고, 여진 추장을 衛所의 首長으로 임명하여 명에 조공을 바치게 함으로써 명에 복속시키고자 한 것이다.

결국 명의 두만강 유역 초유는 [표1]에서 첫 번째로 언급되었던 斡朶里 豆漫 夾溫猛哥帖木兒(갸·온멍거터·물), 즉 동맹가첩목아를 대표로 해서 나타났다. 동맹가첩목아는 앞서 11처 여진 추장에 속하지 않았지만 알타리 부족을 대표하는 대추장이었는데, 그는 명의 여진 초무에 응하지 않고 오히려 조선에 내조하였으며, 명에서 파견된 사신들에 대해 반감을 가지고 있었다. 동맹가첩목아는 1404년(명 영락 3, 조선 태종 5) 12월, 명나라 사신 千戶 高時羅가 伴人 10여 명을 거느리고 오도리(알타리) 지면인 폼음會(회령)에 가서 영락제의 聖旨를 펴서 읽으려는 것을 자신의 이름이 기록되지 않았다는 이유로 거부하고 사신을 꾸짖고는 순종하지 않았다.47)

조선 역시 동맹가첩목아의 명 입조를 막기 위해 大護軍 李愉를 오음회에 파견하여 동맹가첩목아 및 유파을소에게 조선의 下賜品을 수여하였다.48) 또한 骨乙看兀狄哈(골간올적합) 萬戶 金豆稱介와 嫌進兀狄哈 만호 童難에게도 각종의 하사품을 수여하였는데, 결국 올적합 등도 명 사신의 명령을 좇지 않게 되었다.49) 조선은 다시 의정부의 知印 金尙琦를 동

---

47)『태종실록』권9, 태종 5년 1월 경자.
48)『태종실록』권9, 태종 5년 1월 갑진.
49)『태종실록』권9, 태종 5년 1월 을사; 2월 신미.

북면에 보내 동맹가첩목아에게 慶源等處管軍萬戶의 印信 1개를, 유파을소에게 鈒花銀帶를 내려주고, 동맹가첩목아의 관하 사람 82명과 파을소의 관하 사람 20명에게도 각종의 하사품을 수여하였다.50)

조선이 동맹가첩목아에게 경원등처관군만호의 인신과 유파을소에게 삽화은대 등을 내려준 것은 이들이 조선의 관직을 이미 받았다고 하는 것에 대한 재확인이며, 명의 초무를 따르지 않은 것에 대한 일종의 포상이었다. 결국 두만강 유역의 동맹가첩목아 등 여진 세력의 향배를 둘러싼 조선과 명의 외교적 경쟁이 벌어졌음을 알 수 있다.

명은 재차 王敎化的 등 세 사람을 조선과 동북면에 보냈는데, 먼저 조선에 도착한 이들은 두 개의 칙서를 가지고 있었다. 하나는 조선국왕으로 하여금 使者 하나를 왕교화적과 함께 동행하여 동맹가첩목아에게 보내라는 것이었고, 다른 하나는 동맹가첩목아의 이름을 명기하여 명에 친히 내조하라는 것이었다.51) 이것은 바로 동맹가첩목아 등이 거주하는 두만강 유역에 대해 조선의 영향력을 인정한 것이고, 조선의 동의 아래 동맹가첩목아를 명에 입조시키려는 시도였다고 생각된다.

조선은 上將軍 郭敬儀를 왕교화적과 동행시켰지만,52) 이것은 명의 칙서에 대해 형식적으로 따르는 것에 지나지 않았다. 태종은 왕교화적이 오는 목적이 오로지 동맹가첩목아를 招安하려는 것이고, 동맹가첩목아는 조선의 울타리, 즉 藩籬이므로 이를 도모해야 한다는 생각을 가지고 있었다.53) 태종은 왕교화적이 조선에 도착하자 그가 두만강 유역으로 떠나기 전에 이미 上護軍 申商을 동북면에 보내 동맹가첩목아를 효유하여 명나라

---

50) 『태종실록』 권9, 태종 5년 2월 기축.
51) 『태종실록』 권9, 태종 5년 3월 병오.
52) 『태종실록』 권9, 태종 5년 3월 갑인.
53) 『태종실록』 권9, 태종 5년 3월 기유.

사신의 명령을 따르지 못하도록 하였다.54)

왕교화적은 길주에서 동맹가첩목아와 유파아손 등이 거주하는 곳에 伴人을 먼저 보냈는데, 동맹가첩목아 등은 자신들이 조선을 섬긴 지 20년이며, 조선이 명나라하고 親交하기를 형제처럼 하기 때문에 따로 명나라를 섬길 필요가 없음을 말하였다.55) 또한 왕교화적이 오음회에 도착하였지만 동맹가첩목아는 명의 명령을 받지 않으려고 하였고, 유파아손·着和·阿蘭 등 세 만호 역시 자신들이 조선을 섬기고 있음을 분명히 밝혔다. 그리고 이들 세 만호와 동맹가첩목아는 오음회에서 '본래의 뜻을 변치 말고 조선을 우러러 섬기되, 두 마음을 갖지 말자'는 약속까지 하였다.

그러나 명에서 다시 한번 百戶 金聲을 동북면에 보내 유파아손(파을소)·着和答失 등에게 '서로 統屬되지 않으면, 강한 자가 약한 자를 능멸하고, 많은 자가 적은 자를 포학하게 되면 어찌 편히 쉴 수 있겠는가'라고 위협하며 회유하고,56) 왕교화적이 계속 머물면서 거듭된 회유를 한 결과 동맹가첩목아와 유파을소 등이 명의 칙서를 맞아들였다.57) 동맹가첩목아와 유파을소 등이 명의 칙서를 받아들이자, 조선은 藝文館大提學 李行을 명나라에 보내어 몇 가지 근거를 들며 이들을 그대로 조선에서 관할하도록 청하였다.58)

[사료3]

① 맹가첩목아 등은 처음에 올적합의 침략으로 인하여 자리를 피해 本國 東北面의 慶源·鏡城 땅에 이르러 居住하였는데, 差役을 당하여 倭賊을 방어

---

54) 위와 같음.
55) 『태종실록』 권9, 태종 5년 4월 을유(이하 같음).
56) 『태종실록』 권9, 태종 5년 4월 경인.
57) 『태종실록』 권9, 태종 5년 5월 병신.
58) 『태종실록』 권9, 태종 5년 5월 경술.

한 功이 있으므로, 鏡城等處萬戶의 職을 맡겨 지금 몇 해가 지났습니다.
② 猛哥帖木兒와 答失 등은 管下 1백 80여 戶와 함께 현재 공험진 以南 鏡城 지방에 살고, 把兒遜과 着和 등은 관하 50여 호와 함께 현재 공험진 이남 慶源 지방에 살고 있으므로, 각각 戶籍에 붙여서 差役에 종사하게 하였으니, 모두 허락하여 주신 10處의 地面에 매여 있어 聖朝의 同仁之內에 있습니다.

첫째로, 조선은 동맹가첩목아가 '당초에 우리들이 올적합과 서로 싸워서 家屬을 거느리고 떠돌아다니다가 조선에 이르렀는데, 이제 만약 명에 입조하면, 올적합 등이 틈을 타서 가속을 노략하여 원수를 갚으려 할 것이며, 또 바닷가에는 倭寇가 來往할 것이니, 이 때문에 걱정하고 의심하여 결정하지 못한다'고 대답한 것을 언급하였다. 그리고 ①과 같이 동맹가첩목아 등은 처음에 올적합의 침략 때문에 이동해 와서 조선의 동북면 경원·경성 땅에 거주하였으며, 조선으로부터 差役을 당해서 倭賊을 방어한 功이 있기 때문에 조선에서 鏡城等處萬戶의 職을 주었음을 밝히고 있다.

둘째로, 1404년(명 영락 2, 조선 태종 4)에 명에서 삼산·독로올 등 10처의 여진 백성을 초유한다고 했을 때, 홍무제의 성지를 근거로 '공험진 이북은 요동으로 환속하고, 공험진 이남에서 철령까지는 그대로 조선에 붙여 달라'고 주청하여, 그해 '삼산천호 이역리불화 등 10처의 인원을 준청한다'는 칙서를 받았고 이는 홍무제의 化外를 구분하지 않는 一視同仁과 같은 것이었음을 상기시켰다. 더불어 ②와 같이 동맹가첩목아와 답실 등은 현재 공험진 이남 경성 지방에, 파아손과 착화 등은 공험진 이남 경원 지방에 살고 있고, 각각 조선의 호적에 붙여서 차역에 종사하고 있으며, 모두 명에서 준청한 10처의 지면에 있으므로 명의 同仁之內에 있다고 주장하였다.

따라서 동맹가첩목아가 조선의 동북면에 거주하고 있고 조선의 관직을 받았으며, 그 거주 지역은 명에서 준청한 공험진 이남의 경원·경성지역이라는 것이었다. 그런데 당시 경원과 경성은 두만강에 접하고 있기 때문에 조선이 인식한 공험진은 두만강 이북일 수밖에 없다. 조선은 11처 여진 추장 문제와 같이 동맹가첩목아의 귀속 문제에 있어서도 두만강 이북에 공험진이 있고, 그 이남이 조선의 지면이며, 그 땅에 거주하는 여진인들이 조선에 귀속되어야 한다고 주장한 것이다.

조선은 명에 주본을 보내는 동시에 大護軍 李愉를 오음회에 보내 동맹가첩목아를 다시 조선에 머물게 하려 하였다.59) 그러나 동맹가첩목아는 이미 왕교화적을 따라 명에 입조하기로 했음에도 불구하고 자신들은 명의 초안을 따르지 않으려고 한다고 속이는 이중적인 행동을 하고 있었다.60) 결국 동맹가첩목아는 자신이 명에 입조하지 않으면 어허출이 반드시 내 백성을 차지할 것이므로 부득이 명에 입조한다며 명으로 향하였고, 아우인 於虛里를 임시 만호로 삼아 조선으로부터 받은 경원등처관군만호의 인신을 주면서 조선의 行下, 즉 허가를 기다리게 하였다.61) 동맹가첩목아의 명 입조가 현실화되자, 비로소 조선은 敬差官 曹恰을 동북면에 보내어 동맹가첩목아에게 설유하여 왕교화적과 함께 명에 입조하게 하였다.62)

한편 동맹가첩목아를 그대로 조선에서 관할하도록 주청하러 명에 파견된 계품사 이행은 조선으로 돌아와서 황제의 宣諭와 성지를 전하였는데, 주요 내용은 동맹가첩목아가 황제의 占親, 즉 皇后의 親族이므로 조선 국왕은 그를 명에 보내라는 것이었다.63) 동맹가첩목아가 황후의 족친

---

59) 『태종실록』 권10, 태종 5년 7월 병진.
60) 『태종실록』 권10, 태종 5년 8월 신묘.
61) 『태종실록』 권10, 태종 5년 9월 을사.
62) 『태종실록』 권10, 태종 5년 9월 병오.
63) 『태종실록』 권10, 태종 5년 9월 경술; 기유.

이라는 이유는 이때 처음 등장한다. 영락제가 燕王이었을 때 어허출의 딸을 受納하였는데,64) 명은 동맹가첩목아와 어허출의 딸이 서로 먼 인척 관계였던 것을 찾아냈던 것 같다.

이것은 명이 [사료3]의 ①과 ②에서 보이는 조선의 주장, 즉 동맹가첩목아가 조선의 관직을 받았다는 점과 그의 거주 지역이 명이 준청한 공험진 이남 11처 지역 안에 있으므로 동맹가첩목아를 조선이 관할해야 한다고 하는 합리적 논리를 뛰어넘을 수 없었기 때문에 찾은 궁여지책이었다. 따라서 명은 동맹가첩목아가 황후의 친족임을 거듭 강조하는 동시에 조선과 地面을 다투거나 빼앗는 것이 아님을 설명하였고, 영락제 역시 조선의 사신들에게 '너희 국왕이 동맹가첩목아에 대한 말을 아뢰고자 하여 온 것은 옳다'라고 말하고 있다.65)

동맹가첩목아의 명 입조는 두만강 유역 주변의 여진인들에게도 영향을 주어서 올량합 파아손 등 20여 인이 명에 들어가고자 하였다.66) 파아손 역시 동맹가첩목아가 반드시 성지를 받고 자신들을 管下 백성으로 삼을 것이므로 부득이 입조한다고 하였지만, 돌아오면 전과 같이 조선을 섬기겠다고 하고 있어 두만강 유역에서 조선의 영향력을 무시할 수 없었음을 알 수 있다.67) 아무리 명에서 두만강 유역의 여진인들을 초무해서 명의 위소를 설치한다고 해도 그것은 명의 관원을 파견하거나, 행정적으로 편입하는 실제적인 것이 아니라 여진 추장을 그대로 위소 관원으로 임명하는 형식적인 것에 불과한 것이었다.

따라서 지역적으로 조선과 더 가까운 두만강 이남과 이북의 여진인들은

---

64) 『태종실록』 권8, 태종 4년 12월 경오.
65) 『태종실록』 권10, 태종 5년 9월 경술; 임자.
66) 『태종실록』 권10, 태종 5년 9월 갑인.
67) 위와 같음.

경제적으로 조선에 의지하고, 정치적으로는 조선을 중심으로 한 상하관계를 맺을 수밖에 없었다.68) 그렇기 때문에 명의 사신 建州衛千戶 時家 등이 여진 지면까지 가서 순종하지 않는 仇老·甫也 등을 초유할 때, 이들은 비록 명의 명령에 순종한다 하여도 처자와 백성들이 반드시 조선에 붙잡힐 것이고, 조선의 慶源兵馬使가 막으면 데리고 갈 수 없다고 하고 있는 것이다.69)

결국 명의 거듭된 두만강 유역 여진인들에 대한 초무로 동맹가첩목아 및 파아손 등 여진인들이 명에 입조하자, 명에서는 동맹가첩목아에게 建州衛都指揮使를, 어허출의 아들 金時家奴에게 建州衛指揮使를, 阿古車에게 毛憐等處指揮使를, 阿難·把兒遜에게 毛憐等處指揮僉事를 각각 제수하였다.70) 두만강 유역의 여진인들이 명에 입조하자, 조선은 慶源에서 행하던 여진과의 무역을 절교하였으며, 소금·철 등 생필품이 끊겨 격분한 여진인들을 건주 사람이 부추겨서 마침내 올적합 金文乃를 중심으로 경원을 침략하고 약탈하였다.71) 이 과정에서 김문내의 아들이 죽었으며, 조선은 무역을 끊은 것이 여진인들의 침입 원인이라고 생각하여 변경에서의 분란을 막기 위해 鏡城·慶源 두 곳에 貿易所를 세워 여진인들과 互市하게 하였다.72)

그러나 여진인들이 경원을 침략한 사건 이후 조선과 여진의 관계는 악화되었다. 올적합 김문내는 오도리·올량합 등과 결탁하여 경원부에 다시

---

68) 조선은 두만강 유역에 거주하면서 조선에 정치적·경제적으로 복속된 여진인들을 국가의 울타리라는 뜻의 藩籬, 藩胡로 불러왔고, 여진 번호는 누르하치의 철폐 시도가 있을 때까지 지속적으로 유지되어 왔다.
69) 『태종실록』 권10, 태종 5년 9월 임술.
70) 『태종실록』 권11, 태종 6년 3월 병신.
71) 『태종실록』 권11, 태종 6년 2월 기묘.
72) 『태종실록』 권11, 태종 6년 5월 기해.

침구하였고, 결국 병마사 韓興寶가 싸우다가 전사하였다.73) 여진인들의 경원 침구와 한흥보의 전사는 1410년(명 영락 8, 조선 태종 10) 조선이 최초로 두만강을 건너 여진인들을 정벌하는 계기가 되었다.

그리고 조선의 여진 정벌은 다시 여진인들의 침입을 격화시킴으로써 德陵·安陵(목조 이안사와 부인의 능)을 咸興으로 옮기고, 慶源을 폐지하여 鏡城으로 방어선을 후퇴하게 되었다. 경원을 폐지하는 문제에 대해 여진인들이 조선의 땅을 먹어 들어오고 땅이 축소되는 것이라는 우려가 있었지만, 태종은 '매양 春秋로 가서 쫓으면 저들이 耕作을 하지 못할 것이니, 어찌 땅을 깎일 우려가 있겠는가?'라고 하고 있다.74) 따라서 경원의 폐지는 방어상의 후퇴이지 영토를 포기하거나 상실한 것이 아니었음을 알 수 있다.

V. 맺음말

조선 초기 여진 세력의 귀속 문제를 둘러싸고 조선과 명은 서로 간에 치열한 외교전을 벌여왔다. 명은 몽골 세력의 위협과 요동을 완전하게 장악하지 못한 상황이었고, 조선 역시 대내외적으로 조선 건국의 정당성을 확보해야 하는 상황에서 양측은 무력적 충돌보다는 외교적인 방법으로 요동의 여진 세력 귀속 문제를 해결하고자 하였다.

명이 요동에 있던 여진인들을 초유하여 명에 귀속시키려고 하자, 조선은 이성계의 세력 기반으로서의 중요성뿐만 아니라 고려 때 윤관의 여진 정벌

---

73) 『태종실록』 권19, 태종 10년 2월 경자.
74) 『태종실록』 권19, 태종 10년 4월 신해.

에서 역사적 권원을 찾아 여진인 및 그 거주 지역에 대한 관할을 주장하였다. 그 중 핵심적인 것은 윤관이 설치했다는 공험진이었다. 조선은 윤관의 여진 정벌이 두만강 이북에 대해 실시된 것이고, 공험진은 두만강 이북에 있다고 인식하고 있었다. 또한 이란두만에서 남하한 올량합·알타리의 여진인들도 윤관이 자신들의 땅을 평정하고 '고려지경'이라는 비석을 세웠음을 말하고 있어, 여진인들도 조선과 같은 인식을 가지고 있었다. 그렇기 때문에 두만강 이북에 있는 공험진 이남부터는 조선의 관할 지역임을 적극적으로 주장하여 명으로부터 11처 지역의 여진 귀속 문제를 승인받았던 것이다.

명은 조선의 주장을 승인하였지만, 여진 추장에 대한 초무를 계속하여 왔다. 특히 회령의 알타리 추장 동맹가첩목아의 명 입조 문제는 조선과 또 다른 외교문제가 되었다. 조선은 다시 공험진 이남에 대한 주장과 더불어 동맹가첩목아가 명이 승인한 11처 지역의 사람이라고 주장하였다. 결국 명은 여진 초무가 조선과 지면, 즉 영토를 다투는 것이 아님을 분명히 하였고, 영락제 역시 조선의 주장이 옳다고 하여 조선의 공험진 인식과 그 관할을 다시 한번 인정하였다. 조선의 '역사적 권원' 주장과 '실효적 지배'를 인정할 수밖에 없었던 명은 동맹가첩목아가 황후의 친족이라는 이유를 들며 그의 명 입조를 관철시켰다.

두만강 유역의 여진인들이 명에 입조를 단행하자 조선과 여진 관계는 악화되었고, 조선의 무역소 폐지에 맞서 여진인들의 조선 침입이 시작되었다. 조선은 마침내 두만강을 넘어 여진인들을 정벌하였고, 여진인들의 침입을 격화시켜 경원을 경성으로 옮기는 방어상의 후퇴가 있었다. 그러나 이것은 방어상의 후퇴이고 영토의 포기나 상실을 의미하지는 않는다. 그것은 앞서 태종의 언급에 잘 나타나 있다.

또한 세종은 두만강 유역에 6진을 설치하면서 조상의 옛 땅이라는 '祖宗舊地'를 표방하면서도 두만강 이북에 공험진이 있었다는 것을 분명히 하고 있다. 그리고 세종은 6진 설치 후 두만강 이남과 이북의 여진인들을 조선의 번리로 만들어갔다. 여진 번리는 번호로 불리면서 조선의 1차 방어선의 역할을 하여 왔는데, 두만강 밖의 여진인들 역시 조선의 법령과 왕령을 받아들이고 있었다.

세조는 이들 여진 번리가 조선의 編氓이라는 인식을 가지고 있었으며, 명의 관직을 준 여진인들의 처벌에 대해 문제를 제기해 온 명 사신과 논쟁을 벌이기도 하였다. 함길도도체찰사로 파견된 韓明澮 역시 조선의 경계는 선춘령 이남부터 모두 조선의 땅이므로 여진인들이 조선에 복속하지 않으면 조선의 땅에 살 수 없다고 하면서 조선이 두만강을 넘어 鎭을 설치할 수도 있음을 언급하기도 하였다.[75]

결국 조선은 고려시대 윤관의 여진 정벌과 9성 축조 이래 공험진과 선춘령은 조선의 영역이라는 인식을 확고히 하고 있었으며, 공험진은 두만강 이북에 있다는 사실을 들어 공험진 이남과 그 지역의 여진인들을 조선이 관할해야 한다고 생각하였다. 명이 두만강 유역의 여진인들을 초무하려 하자 조선이 공험진 이남이 조선의 관할임을 적극적으로 주장하여 명의 승인을 받았다는 것은 공험진의 실제 위치와 관계없이 매우 중요한 부분이다.

당시 조선이 주장한 공험진은 두만강 이북이었으며, 두만강 이북에 위치한 공험진부터 조선의 관할로 인정을 받은 것은 당시 중국을 중심으로 한 동아시아 국제관계사적인 입장에서 보았을 때 국제적 공인을 받은 것이나 같다. 그리고 이것은 이후 세종대 6진 설치와 조선의 여진에 대한 정책에 주요 근거들이 되어 왔다는 점에서 조선이 명에 공험진 이남에 대해 역사적 권원과 실효적 지배의 주장을 하며 공인받은 것에 대한 재평가가 이루어질 필요가 있다.

---

[75] 『세조실록』 권25, 세조 7년 9월 임인.

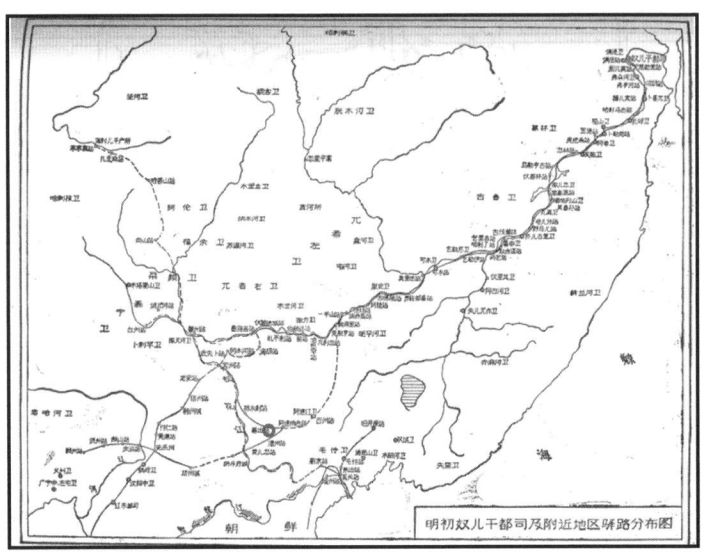

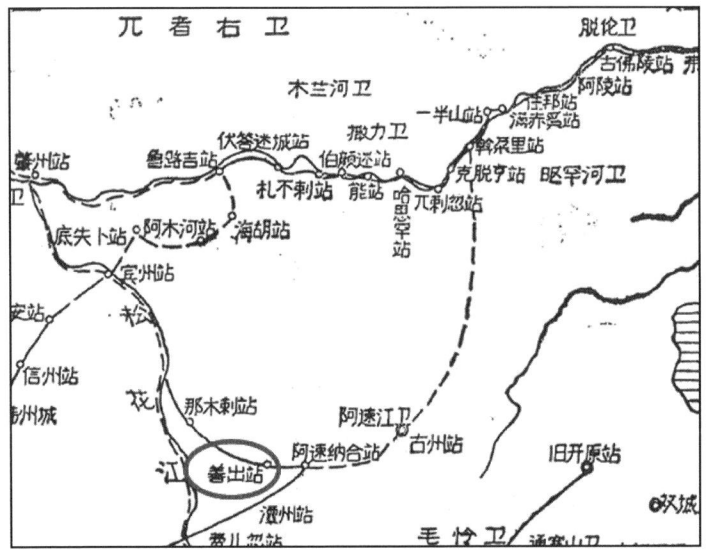

[지도4] 명대 선출참 위치(2)[76]

---

76) 楊正泰, 1994, 『明代驛站考』, 上海古籍出版社, 125쪽('明初奴兒干都司及附近地區驛站分布圖'), 재사용.

■ 參考文獻

1. 사료
- 『조선왕조실록(태조실록~세조실록)』, 『명 태종실록』, 『元史』, 『고려사』, 『용비어천가』,
  『신증동국여지승람』, 『北塞記略』.

2. 저서
- 남의현, 2008, 『明代遼東支配政策研究』, 강원대학교출판부.
- 세계영토분쟁연구회, 2014, 『세계 영토분쟁의 과거와 현재』, 강원대학교출판부.
- 정치학대사전편찬위원회, 2002, 『21세기 정치학대사전』, 아카데미아리서치.
- 한성주, 2011, 『조선전기 수직여진인 연구』, 경인문화사.
- 潭其驤 主編, 1982, 『中國歷史地圖集』.
- 楊正泰, 1994, 『明代驛站考』, 上海古籍出版社.
- 王錦厚·李健才, 1990, 『東北古代交通』, 沈陽出版社.
- 章六順 主編, 2013, 『東北三省地圖』.
- 程光裕·徐聖謨 主編, 1984(中華民國 73年), 『中國歷史地圖』, 中國文化大學出版部.
- 中國地圖出版社, 2004, 『吉林省地圖册』.
- 地圖出版社, 1984, 『中華人民共和國 地圖集』.

3. 논문
- 김구진, 1973, 「麗末鮮初 豆滿江 流域의 女眞 分布」, 『백산학보』 15.
- 김구진, 1976, 「公嶮鎭과 先春嶺碑」, 『백산학보』 21.
- 김구진, 1977, 「尹瓘 9城의 範圍와 朝鮮 6鎭의 開拓 -女眞勢力 關係를 中心으로-」,
  『사총』 21·22 합집.
- 김구진, 1988, 「13~17C 女眞 社會의 研究 -金 滅亡 以後 淸 建國 以前까지의 女眞社會의
  組織을 中心으로-」, 고려대학교 박사학위논문.
- 남의현, 2012, 「元末明初 朝鮮·明의 요동쟁탈전과 국경분쟁 고찰」, 『한일관계사연구』 42.
- 박원호, 1990, 「永樂年間 明과 朝鮮間의 女眞問題」, 『아세아연구』 85.
- 박원호, 1995, 「명과의 관계」 『한국사22 -조선왕조의 성립과 대외관계』, 국사편찬위원회.
- 박원호, 2006, 「鐵嶺衛위치에 관한 再考」, 『동북아역사논총』 13.
- 박정민, 2007, 「朝鮮 太宗代의 東北面 女眞政策」, 전북대학교 석사학위논문.
- 복기대, 2010, 「철령위 위치에 대한 재검토」, 『선도문화』 9.

- 송기중, 1992, 「『太祖實錄』에 등장하는 蒙古語名과 女眞語名(II)」, 『震檀學報』 73.
- 신정훈, 2003, 「麗末鮮初 對女眞政策과 東北面의 領域擴大」, 연세대학교 석사학위논문.
- 유재춘, 2011, 「중·근세 韓·中間 국경완충지대의 형성과 경계인식 -14세기~15세기를 중심으로-」, 『한일관계사연구』 39.
- 유재춘, 2012, 「麗末鮮初 朝·明간 女眞 귀속 경쟁과 그 意義」, 『한일관계사연구』 42.
- 윤여덕, 2012, 「尹瓘 九城의 설치범위에 대한 新考察」, 『백산학보』 92.
- 이현희, 1964, 「朝鮮前期 留京侍衛野人攷 -對野人 羈縻策 一端-」, 『향토서울』 20, 서울시사편찬위원회.
- 허인욱, 2001, 「高麗 中期 東北界에 대한 考察」, 『백산학보』 59.

고려말 철령위 위치의 재고찰

고려말 철령위 위치의 재고찰

허 우 범

I. 머리말
II. 철령과 철령위 위치에 관한 주장들
III. 철령과 철령위 위치 고증
    1. 우왕의 요동정벌 난행과 그 이유
    2. '철령위까지 70참 설치'의 의미
IV. 철령과 철령위 위치 비정
V. 맺음말

I. 머리말

고려 말, 명(明)의 철령위 설치는 원명교체기를 이용해 고토회복을 추진하려는 고려에게 커다란 악재였다. 고려는 명이 철령위 설치를 통보하며 철령 이남의 땅만을 고려의 영토로 인정하려들자 철령 이북의 땅에 대해서도 역사적 연고권을 주장하며 외교적인 해결을 시도하였다. 하지만 명은 원(元)의 영토를 그대로 물려받았다는 논리로 이를 부정하고 속전속결로 철령위를 설치하여 군사와 백성들을 관할하였다. 결국, 고려는 급박하게 전개되는 명의 철령위 설치를 저지하기 위하여 요동출병을 결행하였지만 이마저도 온건세력인 이성계의 위화도 회군으로 실패하였다. 고려는 명의 철령위 설치에 대하여 구국의 결단을 단행하였지만 오히려 파국을 맞이하게 되었고 대신 회군을 주도한 온건세력이 조선을 건국하기에 이르렀다.

이제까지 우리 학계의 철령위 위치에 대한 연구는 크게 한반도설과 요동설로 나뉜다. 하지만 역사교과서를 비롯하여 대부분은 한반도설을 주장한다. 최근에는 요동설에 대한 연구가 이루어져서 나름대로 성과도 거두었지만 아직까지도 명확하게 해결하지 못하는 문제점으로 인하여 철령위의 위치는 학계의 일치를 보지 못하고 있는 실정이다. 철령위 위치를 살펴보기 위해서는 사료의 기록을 재삼 세밀하게 검토할 필요가 있다. 그중에서도 제일 중요시 되는 것은 고려 우왕이 군사를 출병시킨 목적지가 '요동(遼東)'이었다는 점과 명태조가 철령위까지 '70참(站)'을 설치하였다는 것이다. 이 두 가지 역사적 사실은 철령위 위치를 비정하는 데 핵심적인 전거 자료이기 때문이다. 따라서 이 사실을 명확하게 해석하지 못하면 어느 주장도 철령위의 위치를 확실하게 비정하였다고 보기 어려운 것이다. 이에 지금까지의 선행연구를 살펴보고 70참의 새로운 분석을 통하여 철령위의 위치를 다시 고찰하고자 한다.

Ⅱ. 철령과 철령위 위치에 관한 주장들

철령과 철령위에 관한 연구는 조선의 실학자들이 먼저 시작하였다. 이들은 우리 역사에서의 북방영토에 대한 인식이 어느 때보다 강하였는데, 그 이유는 청(淸) 강희제가 1712년에 오라총관 목극등에게 명하여 조선과 청의 국경을 조사한 후 백두산정계비를 세워 경계를 정하였기 때문이다. 그런데 실학자들의 역사지리 연구는 당대 조선의 강역 안에서 이를 인식하고 비정하려는 한계를 띠었다. 이로 인하여 중국 측의 사료 기록이 당대 조선의 지리에 부합되지 않으면 이를 무시하였다.1) 정약용은 명 태조가 경계로 삼으려고 한 철령은 강원도의 철령을 가리킨다고 주장하였다.2) 그는 철령이 요동에도 있었는데 박의중이 표문의 내용을 명확하게 하지 않아서 명 황제를 이해시키지 못했다고 나무라기까지 하였다.3) 그는 명 태조가 처음에는 강원도에 철령위를 설치하려고 하였다가 이를 포기하고 1388년에 봉황성 동북쪽에 철령위를 설치하였다고 주장하였다. 한진서도 철령이 요동과 강원도에 각각 있다고 하였으며, 철령위는 처음에 봉황성 근방에 설치하려고 하였다가 여의치 않자 철령현으로 옮겼다고 하였다.4) 이처럼 실학자들은 철령이 강원도와 요동에 있었다고 이해하였지만 명 태조가 국경으로 삼으려고 한 철령은 강원도 철령으로 인식하였다. 그리고 철령위는 압

---

1) 실학자들의 이러한 지리인식은 철령뿐만 아니라 평양, 압록강, 패수 등 중요 역사지리의 인식에서도 마찬가지로 작용하였다.
2) 『與猶堂全書』6, 「地理集」4, '疆域考4', 北路沿革續
  大明洪武之年, 議割今安邊之鐵嶺以北, 立鐵嶺衛, 高麗陳乞得寢.
3) 『與猶堂全書』6, 「地理集」4, '疆域考4', 北路沿革續
  案 表文明言 鐵嶺有兩 一在鴨江之北, 一在鴨江之南, 千有餘里, 則帝必大悟, 惜哉.
4) 『海東繹史續』卷10, 「地理考」10, '高麗1'
  盛京通志, 奉天府 鐵嶺縣, 金元成平府, 明改鐵嶺衛, 古有鐵嶺城, 在衛治東南五百里. 接高麗界. 洪武二十一年, 置衛於彼, 後二十六年徒此. 謹案 今 鐵嶺縣野. 仍名鐵嶺衛. 鎮書 謹案, 自奉天府 東南 計五百里, 當至鳳風城近處也. 洪武二十一年, 置衛於此, 議割 高麗北界 以隷, 後竟不行, 至二十六年, 徒治於奉天府之北, 今鐵嶺縣是也.

록강 너머에 있다고 하였다.

대일항쟁기의 일본인 학자들도 철령위 위치에 많은 관심을 가졌다. 이 시기 철령위 위치에 관한 연구자는 쓰다 소키치(津田左右吉)를 포함하여 5명이었다.5) 쓰다는 철령위 문제는 고려가 철령을 '오해'한 것에서 벌어진 일이라고 하였다.

> 철령 이북을 살펴보면, 역대로 문주(文州)·고주(高州)·화주(和州)·정주(定州)·함주(咸州) 등 여러 주를 거쳐 공험진(公嶮鎭)에 이르니, 원래부터 본국의 땅이었습니다. 요(遼)의 건통(乾統) 7년에 동여진이 난을 일으켜서 함주 이북의 땅을 빼앗아 점거하니, 예왕(예종)이 요(遼)에 고하고 토벌할 것을 청하여 병사를 보내어 쳐서 회복하고서, 함주에서 공험진 등까지 성을 쌓았습니다. (중략) '철령 이북·이동·이서는 원(元)에서 개원(開元)에 속하였으니, 관할하는 군민들도 요동(遼東)에 속하게 하라.'라고 하였습니다. 철령의 산은 왕경(王京)으로부터 거리가 겨우 300리 이며, 공험진을 변방의 경계로 삼은 것은 1, 2년이 아닙니다. (중략) 엎드려 바라건대, 폐하께서는 넓은 도량으로 포용하시고, 두터운 덕으로 어루만져 주셔서, 몇 개 주의 땅을 하국(下國)의 땅으로 삼계하여 주십시오.6)

위의 사료는 명이 철령위를 세우려고 하자 고려의 우왕이 표문으로 철

---

5) 津田左右吉,「高麗末に於ける鴨綠江畔の領土」,『朝鮮歷史地理』2, 滿鐵, 1913. ; 池內宏,「高麗辛禑朝に於ける鐵嶺問題」,『東洋學報』8-2, 東洋協會調査部, 1918. ; 和田淸,「明初の滿洲經略」,『滿鮮地理歷史硏究報告』14, 東京帝國大學文學部, 1934. ; 稻葉岩吉,「鐵嶺衛の位置を疑ふ」,『靑丘學叢』18, 靑丘學會, 1934. ; 末松保和,「麗末·鮮初に於ける對明關係」,『靑丘史草』1, 1965.

6) 『高麗史』,「列傳」卷第50, 禑王 14年 2月
鐵嶺迆北, 歷文·高·和·定·咸等諸州, 以至公嶮鎭, 自來係是本國之地. 至遼乾統七年, 有東女眞等作亂, 奪據咸州迆北之地, 睿王告遼請討, 遣兵克復, 就築咸州及公嶮鎭等城. (中略) 今欽見奉, '鐵嶺迆北迆東迆西, 元屬開元, 所管軍民, 仍遼東. 欽此.' 鐵嶺之山距王京, 僅三百里, 公嶮之鎭, 限邊界, 非一二年. (中略) 伏望, 陛下度擴包容, 德敦撫綏, 遂使數州之地, 仍爲下國之疆.

령 이북은 고려의 땅이었음을 설명하는 부분이다. 쓰다는 이 표문의 내용에 나오는 철령을 들어, '고려 정부는 철령이라는 이름을 듣고 이것을 지금의 강원도와 함경도 2도의 경계인 철령이라고 생각했을 테지만, 이것은 철령이라는 이름이 같은 데서 생긴 오해'7)라고 하였다. 쓰다가 위의 표문을 예로 들어 고려가 강원도 철령의 오해라고 삼은 근거는 '철령의 산은 왕경으로부터 거리가 겨우 300리'라는 기록이다. 고려의 수도는 개경이다. 왕경은 개경만을 의미하는 것이 아니다. 즉, 서경(西京)도 왕경인 것이다. 설령, 현재의 평양을 서경으로 보더라도 평양서 강원도 철령까지는 300리가 넘는 거리다. 또한, 당시에 강원도와 함경도의 경계를 철령으로 불렀다는 기록도 없다. 오히려 조선시대 이후에 생겨난 지명인 철령을 가지고 거꾸로 고려시대까지 소급하여 위치를 비정하고 있는 것이다. 쓰다는 명이 최초로 세우려고 했던 철령위는 압록강과 혼강이 만나는 유역이라고 하였다. 쓰다는 자신이 비정한 철령위 위치는 여진이 점령한 곳이 되어 경략의 실효를 보지 못하였다고 하고, 그런 이유로 명은 얼마 못가서 이곳을 철폐하고 개원의 남쪽으로 철령위를 옮겨서 설치하였다고 주장하였다.

이케우치 히로시(池內宏)는 명 태조가 설치하려고 한 철령위는 현재 중국 요녕성 집안인 통구성(通溝城) 부근으로 이곳이 곧 황성(黃城)이라고 주장하였다. 황성의 구체적인 위치는 만포진 건너편이라고 하였다. 그는 자신의 논거를 『요동지』「주악전」을 들어 주장하였다. 그런데 철령위를 봉집보에 설치하였다고 기록한 『명태조실록』8)의 내용에 대하여는 다음과 같이 주장하였다.

---

7) 津田左右吉,「高麗末に於ける鴨綠江畔の領土」, 243~244쪽.
  蓋し高麗の政府は鐵嶺の名をささて之を今の江原,咸鏡二道の境界たる鐵嶺なりと思惟せしものなるも,こは鐵嶺の名の同じさより生ぜし誤解にして,
8)『太祖高皇帝實錄』卷189, 洪武 21年 3月 27日
  徙置三萬衛于開元先是詔指揮僉事劉顯等至鐵嶺立站招撫鴨綠江以東夷民會指揮僉事侯史家奴領步騎二千抵斡朶里立衛以糧餉難繼奏請退師還至開元野人劉憐哈等集眾屯于溪塔子口邀擊官軍顯等督軍奮

황명실록의 기사는 그 땅에 철령위를 설치하였다는 것을 의미하는 것과 같다. 그렇더라도 『요동지』는 봉집현의 연혁에 관하여 이런 사실을 들지 않았을 뿐 아니라, 철령위가 황성에 설치되었을 때 또 같은 이름의 위소가 봉집현에 설치되었다고 하는 것은 기이하다.9)

이케우치는 철령위의 위치를 황성으로 비정하였는데 『요동지』에 봉집보에 설치하였다는 기록이 있자 이를 오히려 '기이하다'라는 하나의 단어로 부정하고 있는 것이다.

와다 세이(和田淸)는 쓰다와 이케우치의 황성설을 정면으로 반박하고 강원도 철령설을 주장하였다.

철령이란 조선 함경남도의 남단, 강원도와의 경계 상에 있는 고개의 이름으로, 즉 원나라 조정이 성했을 때, 그 세력범위의 남계(南界)였던 것이다.10)

이나바 이와키치(稻葉岩吉)는 평안북도 강계설을 주장하였다. 그 근거로 강계의 옛 지명이 독로강임을 들어 '독로(禿魯)'의 발음이 철령과 흡사하기 때문이라고 하였다. 또한, 사서 기록에 보이는 '철령의 북쪽, 동쪽, 서쪽 땅'은 강계를 기준으로 삼으면 무리가 없다는 논리를 펼쳤다.

스에마츠 야스카즈(末松保和)는 「철령등처방문장괘자(鐵嶺等處榜文張

殺百餘人敗之撫安其餘眾遂置衛于開元.
9) 池內宏, 「高麗辛禑朝に於ける鐵嶺問題」, 98쪽.
  皇明實錄の上の記事は,其の地に鐵嶺衛の置かれしことを意味するもの如し されども遼東志は奉集縣の沿革に關して斯かる事實を擧ざるのみならず,鐵嶺衛の黃城に置かれし時, 亦た同名の衛所の奉集縣に置かれたりといふは甚た奇なり
10) 和田淸, 「明初の滿洲經略」, 263~264쪽.
  鐵嶺とは朝鮮咸鏡南道の南端,江原道との界上にある山嶺の名で,卽ち元朝の盛時その勢力範圍の南界だつたのである.

掛咨)」11)를 근거로 들어 '철령은 유일하게 함경·강원 경계에 있는 것뿐이고, 명이 말한 철령 또한 그것 외에 없다'면서 와다와 같은 주장을 하였다. 하지만 그도 '철령위를 설치한 곳은 봉집보라고 하고, 봉집보에 정착한 철령위도 5년 후인 홍무 26년 4월에 다시 현재의 철령 땅으로 퇴치된 것이다'12)고 주장하였다.

대일항쟁기 일본학자들의 철령위 위치 연구에서 보이는 공통점은 사서의 기록을 합리적으로 살펴보지 않은 채 자의적으로 해석하고 있다는 점이다. 이는 모두 '한국사는 반도를 벗어나지 못한다'는 대원칙 안에서 이루어졌음을 방증하는 것이다.13) 조선총독부 산하 조선사편수회에서 편찬한 『조선사』는 이나바의 주장을 채택하여 철령위는 강계에 세워졌다고 주장하였다. 그런데 어느 사료를 보아도 명나라가 설치하려던 철령위가 강계에 있었다는 기록이 없자, 밀직제학 박의중이 명나라에 가지고 간 표문의 내용을 소개하는 첫머리에 자연스럽게 끼워 넣었다.14)

> 명나라(明)에서, 철령위(鐵嶺衛)를 본국(고려) 강내(疆內 (江界인가))에 설치하려고 하였다. 왕(王)이, 밀직제학(密直提學) 박의중(朴宜中)을 보내어 표문

---

11) 이 榜文은 우왕 14년(1388) 4월에 요동도사에서 고려 조정에 통보한 것으로, 명태조의 명령을 받아 철령의 동·서·북쪽 일대의 모든 사람들은 요양에 귀속시킨다는 방문을 붙인다고 알려온 내용이다. (구범진 역주, 『이문역주』상, 세창출판사, 2012, 177~180쪽.)
12) 末松保和, 「麗末·鮮初に於ける對明關係」, 370쪽.
鐵嶺衛そのものの位地の決定は,この奉集縣から始めても充分であるとせねばならぬ. 奉集縣は遼陽の東北八十里,今の奉集堡である. そうしてこの地にはじめて定着した鐵嶺衛は,これより五年の後,洪二十六年四月,現在の鐵嶺の地に退置されるのである.
13) 일제는 반도사관을 완성하기 위하여 먼저 남만주철도주식회사로 하여금 『만주역사지리』와 『조선역사지리』를 완성토록 하였다. 이 작업에 책임자로 참여한 시라토리는 책임자의 변에서 말하기를, "국가의 기대에 부응하기 위하여 우리들도 적극적인 협조를 해야 한다."고 밝혔다. 이 두 책의 목적은 압록강과 두만강이라는 자연지리를 경계로 그 동쪽과 남쪽은 한국사, 서쪽은 중국사, 북쪽은 여진족 등등의 역사 영역으로 기록하는 것이다. 이 두 책은 1913년에 완성된 이후 모든 한국의 역사연구에 필수도서로 활용되었는데, 가장 중요한 것은 1938년에 조선사편수회에서 발간한 『조선사』의 국경사를 설명하는 근간이 되었다.
14) 정태상, 「명의 철령위와 고려말 국경의 재검토」, 『인문과학연구』 58, 2018, 209쪽.

(表)으로 청하여 말하기를, (하략)15)

명 태조는 고려가 철령 지역의 역사적 연고권을 들어 고려의 땅임을 주장하는 표문을 올리자 그 주장을 인정하지 않으면서 다음과 같이 답하였다.

(홍무) 21년 4월에 우왕이 표문을 올려 말하기를, 철령의 땅은 실로 그들이 대대로 지켜온 곳이라고 하면서 예전대로 하게 해줄 것을 청하였다. 황제가 말하기를, "고려는 과거에 압록강을 경계로 삼았는데, 이제 철령이라고 꾸며 말하니 거짓임이 분명하다. 짐의 말로써 그들을 깨우쳐 그들로 하여금 본분을 지키면서 흔단을 일으키지 말라고 하라."라고 하였다.16)

명 태조가 말한 내용에서도 고려의 영토는 압록강을 경계로 삼았다고 하였다.17) 그런데 『조선사』는 명의 철령위는 현재의 압록강 안쪽의 강계에 설치하였다고 하여, '의도적인 사실조작'18)을 하고 있는 것이다. 여기에서도 『조선사』가 반도사관 수립에 철저히 이바지하기 위한 것이었음을 알 수 있는 것이다.19)

해방 이후의 철령위 위치 연구는 이병도로부터 시작되었다. 그는 와다와 스에마츠의 주장을 따라서 철령은 강원도에 있는 것이 틀림없고, 철령위는 압록강 방면에서 봉집보로 옮겼다고 주장하였다.

---

15) 『朝鮮史』第3編 第7卷, 273쪽.
明, 鐵嶺衛ヲ本國疆內(江界カ)ニ建テント欲ス. 王, 密直提學朴宜中ヲ遣シテ表請シテ曰ク, (下略)
16) 『明史』卷320, 「列傳」第208
二十一年四月, 禑表言, 鐵嶺之地實其世守, 乞仍舊便. 帝曰, 高麗舊以鴨綠江爲界, 今飾辭鐵嶺, 詐僞昭然. 其以朕言論之, 俾安分, 毋生釁端.
17) 이때의 압록강이 어디를 말하는 것인가는 논외로 치고, 현재의 압록강이라고 하더라도 『조선사』의 강계설은 맞지 않음을 알 수 있다.
18) 정태상, 「실학자와 대일항쟁기 일본학자의 철령위 인식」, 103쪽.
19) 초기 연구 성과인 쓰다 소키치의 '波猪江 下流說', 이케우치 히로시의 '通溝城說'이 『朝鮮史』에서 논외가 된 것도 이러한 이유일 것으로 판단된다.

이른바 鐵嶺의 位置에 對하여는 學說이 區區하나, 대개 國內의 그것임이 거의 定說로 되어 있다. 왜냐하면 當時 遼東都指揮使司의 公牒에 "鐵嶺 迤北·迤東·迤西, 三散(北青)·哈剌(洪原)·雙城(永興)等處大小衙門, 張掛云云"이라 하여 半島 東北面地方의 地名이 보여 있고, 또 當時 西北面 按撫使 崔元沚의 報告에는, "遼東都司, 遣指揮二人, 以兵千餘, 來至江界, 將立鐵嶺衛, 帝豫設本衛, 鎭撫官等, 皆至遼東, 自遼東至鐵嶺, 置七十站, 站置百戶"라 하여 明이 遼東으로부터 鐵嶺에 이르는 사이에 七十站을 設置한다는 그 驛站數로 보아 國內의 鐵嶺(咸鏡道와 江原道의 境界)임이 틀림없는 까닭이다. 但 當時 準備過程의 臨時的인 本衛(鐵嶺衛)는 日本의 和田淸 博士의 說과 같이 鴨綠江 方面도 遼遠하다 하여 지금 奉天 南의 奉集堡에 물러와 있었던 것이다.20)

이병도가 철령과 철령위의 위치를 정하고 나자 이후 우리 학계는 이를 그대로 따랐다. 최초로 철령위를 연구한 최용덕도 '명나라가 의미하는 철령, 고려에서 인식한 철령이 다 같이 우리의 안변의 철령임은 의심의 여지가 없다'21)고 하였다. 이후에도 '강원도 철령설'은 한우근22), 이기백23) 등으로 이어졌다.

박원호는 본격적으로 철령위의 위치와 설치 이유에 대한 두 편의 논문을 발표하였다.24) 그는 철령위 위치 논의가 혼란스러웠던 이유는 철령과 철령위를 구별하지 못한 것에서 비롯되었다면서 철령은 자연지형의 하나인

---

20) 이병도, 『韓國史』 「中世篇」, 을유문화사, 1978, 686~687쪽.
21) 김용덕, 「鐵嶺衛考」, 『중앙대논문집』 6, 1961, 122쪽.
22) 한우근, 『韓國通史』, 을유문화사, 1971, 234쪽.
23) 이기백, 『한국사신론』, 일조각, 1999, 208쪽.
24) 박원호, 「철령위의 위치에 관한 재고」, 『동북아역사논총』 13, 2006, 107~137쪽.
　　박원호, 「철령위 설치에 대한 새로운 관점」, 『한국사연구』 136, 2007, 105~132쪽.

산맥이고, 철령위는 명의 위소제(衛所制)에 입각한 하나의 군사조직이므로 각각 구별하여 접근해야 마땅하다고 하였다.25) 이어서 철령은 함경도 남단의 철령이라고 하였다. 또한, 명 태조가 고려의 경계로 말한 압록강은 현재의 압록강 하구를 가리키는 것이라면서 고려의 서북방 경계를 함경도의 철령과 비스듬히 잇는 선이라고 주장하였다.26) 이처럼 해방 이후 이병도와 이기백, 그리고 박원호에 이르기까지 대부분의 철령과 철령위의 위치는 일본학자와 『조선사』에서 비정한 내용을 그대로 따른 것이었다.

2010년대에 들어서면서부터 철령위의 위치에 대한 새로운 연구결과가 발표되었다. 이들 연구의 공통점은 철령위의 위치가 한반도가 아니고 요동이라고 주장하고 있다는 점이다.27) 이화자와 정태상은 명 태조가 압록강까지는 고려 땅임을 인정한 것을 근거로 철령위는 애초부터 한반도에 설치하려고 하지 않았다고 하였다. 정태상은 철령위 설치문제가 오해를 불러일으킨 것은 사서에 사실을 누락시켰기 때문이라고 하였다.28) 또한, 명에서 고려에 보낸 외교문서가 고려의 두 사서에 그대로 기록되지 않고 다르게 기록되어 있는 것은 '의도적인 왜곡'으로 보아야 한다고 하였다.29)

남의현은 철령위의 초설지(初設地)를 박원호의 주장과 같이 요녕성의 집안으로 보았다. 하지만 명이 압록강을 조선과의 국경선으로 삼으려는 계

---

25) 박원호, 「철령위의 위치에 관한 재고」, 108쪽.
26) 박원호, 「철령위 설치에 대한 새로운 관점」, 115쪽.
27) 철령위의 위치가 요동이라고 주장한 논문은 다음과 같다. 이화자, 「고려·명 간의 철령위 설치를 둘러싼 논쟁의 진실」, 『대외관계사연구』 3, 2009, 7~24쪽.; 복기대, 「철령위 위치에 대한 재검토」, 『선도문화』 9, 국학연구원, 2010, 297~325쪽.; 남의현, 「원·명교체기 한반도 북방경계인식의 변화와 성격-명의 요동위소와 3위(동녕·삼만·철령)를 중심으로-」, 『한일관계사연구』 39, 2011, 37~73쪽.; 이인철, 「철령위의 위치에 대한 재고찰」, 『고조선연구』 4, 지식산업사, 2015, 95~126쪽.; 정태상, 「명의 철령위와 고려 말 국경의 재검토」, 『인문과학연구』 58, 2018. 189~216쪽.
28) 『명실록』에는 고려에 통고하는 내용에 철령위는 이미 설치되었으며, 고려의 주장은 받아들일 수 없다고 기록되었지만, 『고려사』와 『고려사절요』에는 박의중이 외교를 잘해서 명나라에서 철령위 설치 논의를 중지한 것처럼 기록했기 때문이라고 하였다(정태상, 위의 논문, 203쪽).
29) 정태상, 위의 논문, 205쪽.

획이 실패하여 최종적으로는 요동의 철령에 설치되었다고 주장하였다. 이처럼 철령위가 이설됨에 따라 압록강 하류는 국경중립지대가 되었고, 압록강 중류는 여진과 조선의 접경지대가 되었다고 하였다.30)

복기대는 먼저 대일항쟁기부터 현재에 이르기까지 철령으로 인하여 고려의 국경선을 압록강에서 원산만까지 고착화시킴으로서 고려의 영토를 반으로 줄였다고 하였다.31) 그 근거로 『고려사』「지리지」서문의 내용을 들었다.32) 또한, 『명사』와 『명일통지』등 중국 측의 사료들을 추가로 검토하여 철령위의 위치를 요녕성 본계시 지역이라고 주장하였다. 그 근거로 『고려사절요』기록33)에 보이는 요동·심양 지역과 가까운 곳이 원나라와의 국경이었기 때문이라고 보았다.34)

이제까지 살펴본 철령과 철령위의 위치에 대한 연구사를 정리하면 [표1]과 같다.

---

30) 남의현, 위의 논문, 69~71쪽.
31) 복기대, 위의 논문, 303~304쪽.
32) 『高麗史』卷56, 「志」卷第10, '地理' 1, 序文
惟我海東, 三面阻海, 一隅連陸, 輻員之廣, 幾於萬里. 高麗太祖, 興於高句麗之地, 降羅滅濟, 定都開京, 三韓之地, 歸于一統. 然東方初定, 未遑經理, 至二十三年, 始改諸州府郡縣名. 成宗, 又改州府郡縣及關驛江浦之號, 遂分境內爲十道, 就十二州, 各置節度使. 其十道, 一曰關內, 二曰中原, 三曰河南, 四曰江南, 五曰嶺南, 六曰嶺東, 七曰山南, 八曰海陽, 九曰朔方, 十曰浿西. 其所管州郡, 共五百八十餘, 東國地理之盛, 極於此矣. 顯宗初, 廢節度使, 置五都護·七十五道安撫使, 尋罷安撫使, 置四都護·八牧. 自是以後, 定爲五道·兩界, 曰楊廣, 曰慶尙, 曰全羅, 曰交州, 曰西海, 曰東界, 曰北界. 惣京四, 牧八, 府十五, 郡一百二十九, 縣三百三十五, 鎭二十九. 其四履, 西北, 自唐以來, 以鴨綠爲限, 而東北則以先春嶺爲界. 盖西北所至不及高句麗, 而東北之. 今略據沿革之見於史策者, 作地理志.
33) 『高麗史節要』卷32, 「辛禑」3, 禑王 9年 8月
太祖獻安邊之策曰, 北界與女眞達達遼瀋之境相連, 實爲國家要害之地, 雖於無事之時, 必當儲糧養兵, 以備不虞.
34) 복기대, 「철령위 위치에 대한 재검토」, 308쪽.

[표1] 철령, 철령위의 위치 비정 현황

구분		위치	주장자
철령	한반도	강원도	정약용, 한진서, 와다 세이, 스에마츠, 이병도, 최용덕, 한우근, 이기백, 박원호, 『조선사』
		강계	이나바
	요동	압록강(황성/집안)	쓰다, 이케우치
		본계	복기대
최초 철령위	한반도	강원도	정약용
		강계	이나바, 『조선사』
	요동	압록강(황성/집안)	쓰다, 이케우치, 와다 세이, 이병도, 박원호, 남의현
		봉황성 지역	한진서
		봉집보	스에마츠, 이화자, 정태상
		본계	복기대

Ⅲ. 철령과 철령위 위치 고증

철령과 철령위 위치 연구는 두 사항을 함께 연구하던 것에서 시작하여 이제는 각각 별개의 사항으로 구분하여 연구하는 단계로 나아가고 있다. 이는 철령위가 이치(移置)되었다는 사료 기록에 영향을 받은 것인데 초설지(初設地)로 보느냐, 이치한 곳으로 보느냐에 따라 아직도 의견이 분분하다. 철령위 위치를 고증하는 데 있어서 가장 많이 인용하는 사료는 박의중이 명과의 외교 결과를 보고한 내용과[35] 서북면 도안무사 최원지가

---

35) 『高麗史』 卷137, 「列傳」 卷第50, 禑王 14年 2月
　　大明欲建鐵嶺衛, 禑遣密直提學朴宜中, 表請曰, (中略) 切照鐵嶺迆北, 歷文·高·和·定·咸等諸州, 以至公嶮鎭, 自來係是本國之地. (中略) 至正十六年間, 申達元朝, 將上項摠管千戶等職革罷, 以和州迆北, 還屬本國, 至今, 除授州縣官員, 管轄人民. 由叛賊而侵削, 控大邦以復歸. 今欽見奉, '鐵嶺迆北迆東迆西, 元屬開元, 所管軍民, 仍屬遼東. 欽此.' 鐵嶺之山距王京, 僅三百里, 公嶮之鎭, 限邊界, 非一二年. (下略)

보고한 내용이다.36) 요동설을 주장하는 쪽에서는 중국의 사료도 인용하는데37) 이들 사료에는 우리 사료에서는 알 수 없는 철령위 위치와 관련된 여러 정보가 있어서 위치 비정에 많은 도움이 되기 때문이다.

철령과 철령위의 위치가 한반도와 요동으로 나뉘지만 두 주장 모두 철령위 위치와 연관된 핵심내용인 '요동으로의 출병'과 '70참의 설치'에 대하여 명확한 해답을 제시하지 못하였다. 본 논문에서는 이 두 사항과 관련된 사료들을 다시 검토하여 철령과 철령위의 위치를 고증해보고자 한다.

1. 우왕의 요동정벌 단행과 그 이유

철령위 위치 문제를 거론할 때마다 제일 먼저 드는 의문은 철령이 강원도에 있다면 어째서 우왕이 압록강을 넘어 요동으로 군사를 진격시켰는가 하는 것이다. 한반도 주장자들은 이러한 의문에 대하여 철령은 강원도에 있지만 군사가 주둔하고 있는 철령위는 요동에 있었기 때문이라고 설명한다. 하지만 이 경우에는 철령과 철령위의 거리가 너무 멀어 행정적 처리나 군사적인 행동이 효율적으로 이뤄질 수 없다. 즉, 요동의 철령위에 주둔하고 있는 군사들이 수백 킬로미터나 떨어진 강원도의 철령을 관리할 수도 없을뿐더러 그 위치조차도 알기 어려운 상황이 될 수밖에 없는 것이다. 이는 우왕이 요동정벌을 위해 압록강을 넘었다는 사료 기록에 대한 궁여지책으로 철령과 철령위를 분리하여 주장하였지만 결국은 논리적 자가당착에 빠지고 말았다.

---

36) 『高麗史節要』 卷33, 「辛禑」4, 禑王 14年 3月
    西北面都安撫使崔元沚報, 遼東都司遣指揮二人, 以兵千餘來至江界, 將立鐵嶺衛自遼東至鐵嶺置七十站. 禑乃自東江邊, 馬上泣曰, 群臣不聽吾攻遼之計, 使至於此.
37) 『태조고황제실록』, 『명사』와 『대명일통지』, 『요동지』 등의 지리지이다.

철령과 철령위는 지형과 교통로를 고려해야 하지만 그렇다고 분리하여 살펴볼 사항이 아니다. 국경과 이를 지키는 군사의 주둔지가 멀리 떨어져 있을 수는 없기 때문이다. 그렇다면 철령도 철령위와 가까운 곳에 있어야 하는 것이고, 우왕이 압록강을 건너 요동을 정벌하도록 하였다는 것은 이 두 곳이 모두 요동지역에 있다는 것을 말하고 있는 것이다. 이는 다음의 사료에서도 잘 알 수 있다.

> 황상이 예부상서 이원명에게 효유하여 말하기를, "몇몇 주의 땅은 만약 고려의 말대로라면 마땅히 그에게 예속되어야 할 것 같으니, 이치와 형세로 말하자면 옛날에 이미 원에 통할되었으니 이제 마땅히 요(遼)에 속해야 할 것이다. 하물며 지금 철령이 이미 위(衛)를 설치해서 병마가 주둔하여 그 백성을 지키고 있으니 각각 통속되는 바가 있는 것이다. 고려의 말은 믿기에 충분하지 못하다. 또한 고려의 땅은 과거 압록강을 경계로 하여 옛날부터 스스로 성교(聲敎)를 행하고 있다."38)

위 사료는 명 태조가 고려 우왕이 철령의 역사적 연고권을 주장하자 이에 답한 내용이다. 즉, 고려가 역사적 연고권은 있을지 모르나 현재는 명의 영토이고 더욱이 철령위를 설치하여 명군이 주둔하고 있으므로 불가하다는 것이다. 명 태조는 이를 합리화하기 위하여 '고려의 땅은 과거에 압록강을 경계'로 하였으니 이를 잘 지키라는 것이었다. 명 태조의 이 말은 고려가 철령 이북에 대하여 역사적 연고권을 내세우지 말고 철령 이남과 압록강 지역만을 잘 다스리라는 의미이다. 현재의 압록강이 고려 말의 압

---

38) 『太祖高皇帝實錄』 卷190, 洪武 21年 4月 壬戌
上諭禮部尚書李原名曰, 數州之地, 如高麗所言, 似合隸之, 以理勢言之, 舊旣爲元所統, 今當屬於遼. 況今鐵嶺已置衛, 自屯兵馬守其民, 各有統屬. 高麗之言, 未足爲信. 且高麗地壤, 舊以鴨綠江爲界, 從古自爲聲敎.

록강인가는 별개의 문제로 보더라도39) 철령이 강원도에 있다고 하면 명 태조의 말은 전혀 맞지 않는 것이 된다. 고려가 예전부터 경계로 삼아온 압록강보다 훨씬 남쪽을 국경으로 하겠다는 것이기 때문이다. 명 태조는 고려가 철령 이북지역에 대한 역사적 연고권을 주장하자 고려의 강역을 철령 이남 땅으로 한정하기 위해서 옛날 경계가 압록강이었음을 거론한 것이다. 고려 후기의 첨수참은 고려사신이 중국으로 들어가는 국경이었다. 이곳은 연산관과 멀지 않은 곳으로 같은 위도에 위치한다. 그렇다면 적어도 철령은 연산관 위쪽에 있었다는 것으로 봐야 하며 따라서 우왕이 군사를 압록강을 건너 요동으로 진군시킨 것은 자연스럽게 이해가 되는 것이다.

2. '철령위까지 70참 설치'의 의미

철령위 위치 비정과 관련한 또 하나의 중요한 사항은 명 태조가 철령위까지 70참을 설치하였다는 내용이다. 70참에 대한 해석이 철령위의 위치를 비정하는 핵심이라고 할 수 있다. 이제까지 많은 연구자가 철령위의 위치를 고찰하였지만 70참에 대한 연구는 많지 않다. 이는 70참이란 거리는 요양에서 강원도의 철령까지 몇 번을 왕복해야만 하는 거리여서 쉽게 접근하지 못한 것이다. 그래서 대부분은 아예 거론을 하지 않았고 몇몇 연구자만이 검토하였는데 이들도 17참의 오류라고 주장하였다. 70참에 대한 연구도 쓰다 소키치에 의해서 시작되었다.

신우 전(傳)에 '요동에서 철령까지 70참을 두었다(自遼東至鐵嶺置七十站)'

---

39) 필자는 '지명은 이동한다'는 논리에 입각하여 고려 후기의 압록강은 현재의 압록강 줄기만이 아닌 혼강과 이에서 갈라져 나온 물줄기인 애하까지 보았다(「여말선초의 서북 국경선 연구」, 인하대 박사학위논문, 2020, 109~111쪽).

라는 기록은 요동도지휘사사의 소재지인 요양에서 압록강 방면에 달하는 교통로였는데, 그것은 위 문장에서 서술했던 태자하 유역에서 회인 방면으로 통하는 것이고, 따라서 철령위도 역시 파저강 하류 유역에 있었을 것이다.40)

쓰다는 70참이 구체적으로 어느 정도의 거리인지는 설명하지 않았다. 대신 자신이 주장하는 혼강 하류지역까지의 거리로 보았다. 그가 이해한 70참은 '요양~태자하~환인~혼강 하류'에 이르는 거리이다. 70참이 어느 정도의 거리인가를 계산할 때는 당대(唐代)의 역참 간 거리인 30리를 염두에 두고 살펴보는데 이 경우에도 2,100리에 이른다. 쓰다는 자신이 주장한 위치가 70참이라는 거리와는 맞지 않음을 알고 아예 거론하지 않았던 것이다.

70참에 대한 본격적인 연구는 와다 세이(和田淸)에서 시작되었다. 와다는 요동에서 철령까지 70참을 설치하였다는 기록을 근거로 강원도 철령설을 주장하였다. 그런데 그 자신도 70참이 많다고 생각되었는지 '다만 요동에서 황성(洞溝)까지 근소하게 10개 정도의 역이면 충분하다. 도저히 70개 정도의 많은 역은 필요하지 않았을 것이기 때문이다.'41)라고 설명하고 이어서 다음과 같이 부연 설명을 하였다.

명나라는 당시 함경도 방면에서 옛 원나라의 항복한 사람들을 많이 받아들

---

40) 津田左右吉, 위의 논문, 244~245쪽.
而して辛禑傳に「自遼東至鐵嶺置七十站」とあるは遼東都指揮使司の所在地たる遼陽より鴨綠江方面に達する交通路なるべければ,其は上文に逃べし,太子河の流域より懷仁方面に通ずるものなるべく,從つて鐵嶺衛もまた婆猪江下流の流域にありしならん.
41) 和田淸, 위의 논문, 270쪽.
蓋し遼東(遼陽)から黃城(洞溝)までのみならば,僅に十許站で足り,到底七十站の多さを要しなかった筈であるからである.

여, 함경지방에 관련된 지식은 상당히 정확한 것을 갖고 있었음에 틀림없다. 따라서 문제가 된 70참은 분명히 요동에서 동간도(東間島) 방면으로 나와서 소위 조선의 후문에서 함경·함흥을 지나, 철령에 이르는 길에 설치되었을 것으로 생각되는데, 그렇다면 이 황성의 경영이란 무엇이었을까. 황성으로 나온 역은 아무래도 이곳에서 분수령을 넘어 함흥방면으로 나오는 첩경을 향한 것에 틀림없다. 혹은 70참이란 조선의 후문을 통과해서도, 다소 너무 많으므로, 실은 17참의 잘못으로, 황성에서 철령에 가는 길 위에 설치된 것일지도 모른다. 어쨌든 목적지가 실제로 철령이었음은 의심할 바가 없다.[42]

70참이란 노정이 요동에서 조선의 후문인 동북쪽 지경을 거쳐 강원도 철령에 이르는 길이라고 설명을 하다가, 그래도 70참은 너무 많다고 생각하여 17참의 오류라고 하고 있다. 그리고 17참은 철령위가 있는 황성에서 강원도 철령까지의 거리라고 주장하였다.

해방 이후 역사학계에서도 철령위의 위치를 살펴보면서 70참에 대한 의견들을 내었다. 이병도는 70참이라는 역참수로 보아 함경도와 강원도의 경계에 있는 철령이 틀림없다고 주장하였다. 쓰다처럼 구체적인 노정은 살피지 않았다. 최초로 철령위의 위치를 논한 김용덕은 70참의 기록을 아예 '과장날조'라고 주장하였다.

崔元沚의 報告가 있은 거의 直後 明에서는 鐵嶺衛指揮使司를 奉集縣에 設

---

42) 和田淸, 위의 논문, 294쪽.
明は當時咸鏡道方面の故元の降人を多く容れてゐて,鐵嶺地方に關すろ知識は相當正確なるものを持つてゐた筈である. 隨つて問題の七十站は必ず遼東から東間島方面に出で,所謂朝鮮の後門から境城·咸興を經て,鐵嶺に至る路程に設けらるべき筈と思ふが,それにしてはこの經營は何事であらうか. 黃城へ出て來た驛はどうしても此處から分水嶺を越えて咸興方面に出る捷徑を目指したものに相達ない. 惑は七十站は朝鮮の後門を通るにしても,少少多過ぎろから,實は十七站位の誤で,黃城から鐵嶺に行く路上に置かれんとしたものかも知れぬ. 何れにしても,目的地が眞の鐵嶺であつたことに疑ひはない.

置한 것으로 보나 明側 記錄에는 驛站 70에 대하여서는 全혀 論及이 없는 것으로 보아 否定的인 對答이 나온다. 오히려 注目되는 것은 이러한 不正確한 報告의 結果는 高麗 上下에 충격을 주어 攻遼에의 길에 拍車를 加한 點이다. 崔元沚는 侍中 崔瑩의 腹心으로서 이 時期에 西北面都安撫使를 맡아 攻遼派의 한 사람으로서 明에 對한 反感 助長에 資하기 위하여 事實을 誇張捏造하였을 可能性도 있으니, 이 記事는 다른 傍證이 없이는 그대로 받아들이기 어렵다.43)

최용덕은 70참에 대한 기록 자체를 믿지 않았을 뿐만 아니라 오히려 최원지가 반명감정을 유발하기 위하여 일부로 과장날조한 것이라고 주장하였다. 이러한 주장의 배경에는 70참을 강원도 철령까지의 거리로 도저히 볼 수 없기 때문에 발생한 것인데, 그의 이러한 해석은 '명에 대한 반감 조장에 도움이 될지는 의문'44)이라는 비판을 피할 수 없었던 것이다.

박원호는 철령위의 설치장소에 대해서 『요동지』「주악전」의 내용을 인용하여 황성이라고 주장하였다. 즉, '황성을 벌써부터 철령위성으로 간주하여 철령으로 호칭'하였으며, 이곳에 철령위 설치를 추진하다가 '현실의 높은 장벽에 부딪쳐 봉집으로 이설된 것'45)이라고 주장하였다. 그는 와다 세이의 의견을 받아들여 70참은 17참의 잘못으로 보았다. 그 근거로 『고려사』 중수과정에서 판각하는 사람이 실수로 17참을 70참으로 잘못 판각한 것으로 보았다. 그리고 17참의 노정은 '요양~황성~강원도 철령'이라고 하였다. 이는 의주의 대안(對岸)에 있는 구련성에서 요동도사가 있는 요양까지가 8참이므로 이 8참의 거리를 요양~황성~철령에 맞추면 거의

---

43) 김용덕, 위의 논문, 125쪽.
44) 박원호, 「철령위의 위치에 관한 재고」, 129쪽.
45) 박원호, 위의 논문, 132~133쪽.

17개 정도의 역참이 필요하다고 하였다. 또한, 요양~산해관~북경의 거리가 17참인데 이는 요양~황성~철령의 거리와 비슷하기 때문에 17참으로 보아야 한다고 주장하였다.46)

이제까지 살펴본 70참에 대한 주장을 정리하면 [표2]와 같다.

[표2] 철령, 철령위의 위치 비정 현황

연구자	70참 해석	주장 근거	철령 위치
쓰다	70참	요양~태자하~환인~압록강	환인 혼강 유역
와다세이	17참의 오류	요양~강원도 철령까지 너무 많은 역참수 황성~강원도 철령	강원도 철령
이병도	70참	요양~강원도 철령까지의 거리	강원도 철령
김용덕	과장 날조	최원지가 명에 대한 반감 조장을 위해 과장 날조한 것	강원도 철령
김원호	17참의 오류	『고려사』重修과정에서 板刻 실수 요양~북경까지 17참과 거의 비슷	강원도 철령

Ⅳ. 철령과 철령위 위치 비정

김용덕은 사서에 기록된 70참이 과장 날조된 것이라고 하였는데 이는 아주 위험한 해석으로 차라리 거론을 하지 않은 것만 못하다. 또한, 와다세이처럼 70참을 17참의 오류라고 주장한 것도 철령은 강원도에 있어야만 한다는 선입관이 강하게 작용한 것으로 합리적 타당성이 적을 수밖에 없다. 그렇다면 70참의 의미는 무엇인가. 이에 대하여 자세하게 살펴볼 필요가 있다. 먼저 논의를 위하여 관련 사료의 기록을 다시 보기로 한다.

---

46) 박원호, 위의 논문, 129~130쪽.

서북면도안무사 최원지가 보고하기를, "요동도사에서 지휘 2인을 파견하여 군사 1,000여 명을 이끌고 강계에 이르고는 장차 철령위를 세우고자 요동으로부터 철령에 이르기까지 70개의 참을 설치한다고 하였습니다."라고 하였다. 우왕이 이에 동강에서 돌아왔는데 말 위에서 울며 말하기를, "여러 신하들이 나의 요동을 공격하자는 계책을 듣지 않아서 일이 이 지경이 되게 하였다."라고 하였다.47)

위의 사료는 고려의 서북면도안무사 최원지가 강계 부근까지 온 명나라 군사로부터 철령위를 설치한다고 알려준 사항을 우왕에게 다시 보고하는 내용이다. 그런데 이 부분은 그동안 해석에 여러 착오가 있었기 때문에 해당되는 부분을 몇 개의 문구로 나누어서 살펴보기로 하겠다.

㉮ 서북면도안무사 최원지가 자신이 들은 말을 우왕에게 보고하기를,
㉯ 요동도사에서 지휘 2인이 군사 1,000여 명을 이끌고 강계에 이르렀는데
㉰ "지휘가 말하기를, '장차 철령위를 세우고자 요동으로부터 철령에 이르기까지 70개의 참을 설치할 것'이라고 말했습니다."

이제까지의 철령위 위치 연구는 강계가 출발점이 되었다. 왜냐하면 현재의 압록강 부근에 강계라는 지명이 있는 것을 이유로 강계나 만포진으로 비정한 것이다. 그런데 명 태조가 고려와의 경계는 압록강이라고 하였으니 압록강 건너편에 있는 강계와 만포진에 설치하는 것은 맞지 않음을 알고 황성에 설치하였다고 하였다. 현재의 만포진 건너편에 집안이 있고,

---

47) 『高麗史節要』卷33, 「辛禑」4, 禑王 14年 3月
西北面都安撫使崔元沚報, 遼東都司遣指揮二人, 以兵千餘來至江界, 將立鐵嶺衛自遼東至鐵嶺置七十站. 禑乃自東江還, 馬上泣曰, 群臣不聽吾攻遼之計, 使至於此.

이를 황성으로 불렀기 때문에 철령위를 황성에 세웠다고 주장한 것이다. 하지만 어느 기록을 찾아보아도 철령위를 강계나 만포진, 나아가 황성에 설치하였다는 것은 보이지 않는다. 다만, 철령위를 설치한 당사자인 명의 기록에는 철령위가 '봉집보'에 처음 설치되었다고 정확하게 알려주고 있다.48) 그럼에도 불구하고 최초의 철령위는 강원도 철령, 강계, 집안 등이었고, 이후에야 봉집보로 옮겼다가 다시 철령현으로 옮겨졌다고 주장한다. 지명의 이동을 전혀 고려하지 않고 현재의 지명이 곧 당대의 지명이라고 여기고 지리를 살펴보았기 때문에 이러한 엄청난 착오를 일으킨 것이다.49)

위의 기록은 전달자가 일반적으로 일으킬 수 있는 착오를 잘 보여주는 것이다. ㉰의 경우가 그러하다. 전달자인 최원지는 요동도사의 지휘가 와서 전한 말을 '요동으로부터 철령까지 70참을 설치할 것'이라고 들었던 것이다. 하지만 최원지는 숫자를 잘못 들은 것이 아니라 장소를 잘못 들은 것으로 여겨진다. 즉, 최원지가 들은 말의 정확한 내용은 "장차 철령위를 세울 것인데 요동의 철령에 이르기까지 모두 70개의 참을 설치할 것이다."로 보아야 하는 것이다.50) 그렇다면 70참은 어떻게 계산된 것인가. 이제 이 70참에 대하여 살펴보도록 하겠다.

명 태조 주원장은 1368년 건국과 함께 남경을 국도로 정하였다. 그리고

---

48) 『明史』卷41, 「志」17, '地理2', 遼東都指揮使司, 鐵嶺衛
    洪武二十一年三月以鐵嶺城置. 二十六年四月遷於古嚚州之地. 即今治也.【西有遼河, 南有汎河, 又南有小清河, 俱流入於遼河. 又南有懿路城, 洪武二十九年置懿路千戶所於此. 又范河城在衛南, 亦曰汎河城. 正統四年置汎河千戶所於此. 東南有奉集縣, 即古鐵嶺城也, 接高麗界, 洪武初置縣, 尋廢. 又有咸平府, 元直隸遼東行省. 至正二年正月降爲縣. 洪武初廢.】南距都司二百四十里.
49) 대일항쟁기 일본인 학자들의 역사지리 연구방법은 과거의 지명이 현재에도 있거나, 옛 지명과 비슷한 것이면 모두 당시의 장소라고 확정하고 그렇지 않은 것은 '알 수 없다'라고 하는 방식이었다.
50) 박원호는 판각의 실수로 17참이 70참이 된 것으로 추정하였는데, 그의 논리를 빌린다면 '自遼東至鐵嶺置七十站'의 문장은 刻手가 對句를 이뤄야만 한다는 생각에 실수로 自를 넣었다고도 추정할 수 있다.

31년간의 재위기간 동안 국도를 옮기지 않았다.51) 지리지에서 거리를 확인해보면, 요양에서 북경까지는 1,700리52)이고, 북경에서 남경까지는 3,445리53)이다. 이를 종합하면 요양에서 남경까지 거리는 총 5,145리이다. 이 거리에 70개의 참을 설치한다고 가정하면 참과 참의 평균거리는 73.5리가 된다. 즉, 사료에 보이는 70개의 참은 명의 국도인 남경에서 철령이 있는 요동까지의 거리로 보아야만 타당한 것이다. 이처럼 70개의 참이 남경에서 요동까지의 거리라는 것은 다음의 기록에서 명확하게 확인이 된다.

> 사신은 말하기를, "후문(後門)에 가는 길은 옛날에 장천사(張天使)가 해청(海靑)을 잡는 것 때문에 그 길을 두루 돌아다니면서 지도에 빠짐없이 기재하였는데, 어찌 감히 길이 멀다는 것을 핑계 삼습니까? 요동과 북경의 사이가 29참이고 북경과 남경의 사이가 41참이니 합계하면 70참인데, 빨리 간다면 7, 8일이면 능히 도착할 것입니다. 지금 후문 가는 길이 비록 멀다고 하더라도 왕복에 10여 일이면 여유가 있을 것이니, 모름지기 전하께 아뢰어 빨리 사람을 차견(差遣)하여 후문에 도착시켜 도망해 돌아온 인구가 있고 없음을 자세히 알아야 할 것입니다.54)

---

51) 명나라가 국도를 北京으로 옮긴 것은 1421년으로 永樂帝(19년) 때이다.
52) 『明史』卷40,「志」第16, '地理1', 遼東都指揮使司
　　遼東都指揮使司,【元置遼陽等處行中書省, 治遼陽路.】洪武四年七月置定遼都衛, 六年六月置遼陽府縣, 八年十月改都衛為遼東都指揮使司. 治定遼中衛, 領衛二十五, 州二. 十年, 府縣俱罷. 東至鴨綠江, 西至山海關, 南至旅順海口, 北至開原. 由海道至山東布政司, 二千一百五十里. 距南京一千四百里, 京師一千七百里.
53) 『明史』卷40,「志」第16, '地理1', 南京
　　禹貢揚徐豫三州之域. 元以江北地屬河南江北等處行中書省, 又分置淮東道宣慰使司【治揚州路】屬焉; 江南地屬江浙等處行中書省. 明太祖丙申年七月置江南行中書省.【治應天府.】洪武元年八月建南京, 罷行中書省, 以應天等府直隸中書省, 衛所直隸大都督府. 十一年正月改南京為京師. 十三年正月己亥罷中書省, 以所領直隸六部. 癸卯改大都督府為五軍都督府, 以所領直隸中軍都督府. 永樂元年正月仍稱南京. 統府十四, 直隸州四, 屬州十七, 縣九十有七.【為里萬三千七百四十有奇.】北至豐沛【與山東, 河南界.】西至英山,【與河南, 湖廣界.】南至婺源,【與浙江, 江西界.】東至海. 距北京三千四百四十五里.
54) 『朝鮮王朝實錄』,「文宗實錄」13卷, 文宗 2年 4月 辛未

위의 사료는 1452년 조선에 온 명나라의 사신이 조선의 후문에서 한양으로 온 자국민을 만나서 전후사정을 듣고 조선의 조정에 재촉하는 내용이다. 사신이 하는 말 중에 요동에서 남경까지의 거리가 70참임을 알 수 있다. 그러므로 철령위까지 설치한 70참은 명 태조가 있는 남경에서 요동에 있는 철령까지의 참의 갯수인 것이다. 결국 철령과 철령위는 모두 요동도지휘사사의 관할지역에 있었음이 확실한 것이다.

그렇다면 철령위는 어느 곳에 설치되었는가. 철령위에 관한 기록은 『명사』「지리지」에 자세히 기록되어 있다.

> 철령위 : 홍무 21년(1388) 3월에 옛 철령성에 설치하였다. 26년(1393) 4월에 옛 은주(嵒州)의 땅으로 옮겼으니 이는 곧 지금의 치소이다.【서쪽에는 요하가 있고 남쪽에는 범하가 있으며 또 남쪽에는 소청하가 있는데 모두 요하로 흘러 들어간다. 또한 남쪽에는 의로성(懿路城)이 있는데, 홍무 29년(1396)에 의로천호소를 이곳에 설치하였다. 또한 범하성(范河城)이 위의 남쪽에 있는데 범하성(汎河城)이라고도 하며, 정통 4년(1439)에 범하천호소를 이곳에 두었다. 동남쪽에는 봉집현이 있는데 즉, 옛 철령성으로 고려와의 경계에 접해 있으며, 홍무 초년에 현을 설치했다가 곧 폐지하였다. 또한 함평부가 있는데 원의 직예 요동행성이었다. 지정 2년(1342) 정월, 항복하여 현이 되었다. 홍무 초년에 폐지하였다.】 남쪽으로 도사(都司)까지 240리 떨어져 있다.55)

使臣曰, 後門道路, 昔者張天使, 以捕海靑, 遊遍其道, 備載地圖, 何敢以路遠爲辭. 遼東北京之間, 二十九站, 北京南京之間, 四十一站, 竝計七十站, 而疾行則七八日能到矣° 今後門道路雖遠, 往復十餘日則有餘矣, 須啓殿下, 速差人到後門, 細知走回人口有無也°

55) 『明史』卷41,「志」17, '地理2', 山東 遼東都指揮使司, 鐵嶺衛
洪武二十一年三月以鐵嶺城置. 二十六年四月遷於古嵒州之地, 即今治也.【西有遼河, 南有汎河, 又南有小淸河, 俱流入於遼河. 又南有懿路城, 洪武二十九年置懿路千戶所於此. 又范河城在衛南, 亦曰汎河城, 正統四年置汎河千戶所於此. 東南有奉集縣, 即古鐵嶺城也, 接高麗界, 洪武初置縣, 尋廢. 又有咸平府, 元直隸遼東行省. 至正二年正月降爲縣. 洪武初廢.】 南距都司二百四十里.

위의 사료에서 철령위와 관련된 내용을 정리하면 아래와 같다.

㉮ 철령위는 홍무 21년(1388) 3월에 옛 철령성에 처음 설치하였다.
㉯ 옛 철령성에 설치되었던 철령위는 홍무 26년(1393) 4월에 지금의 치소로 옮겨왔는데 이는 옛 은주(嚚州) 땅이다.
㉰ 현 철령위의 남쪽에는 범하성(范河城)이 있으며 범하성(汎河城)이라고도 한다.
㉱ 현 철령위의 동남쪽에 봉집현이 있는데 이곳은 옛 철령성이다.
㉲ 봉집현은 고려와 경계를 접하고 있으며 홍무 초년에 현을 설치했다가 곧 폐지하였다.
㉳ 현 철령위의 치소에서 도사성까지는 남쪽으로 240리 떨어져 있다.

이제 이 내용을 자세하게 살펴보기로 한다. 처음 철령위가 설치된 것은 1388년 3월로, 그 장소는 옛 철령성이었던 봉집현이었다(㉮, ㉱). 봉집현은 고려와 국경을 접하고 있는 곳이다(㉲). 봉집현은 무순천호소 남쪽 80리에 있었다.56) 즉, 무순에서 남쪽 80리 되는 지점이 고려와의 국경을 접하고 있었던 지역인 것이다. 처음 철령위가 설치되었던 봉집현에는 현재 봉집보가 있다. 그 위치는 무순의 남쪽 80리 되는 곳이다.57) 봉집현이 고려와 경계를 접하는 곳이었다고 하였으니 명 태조가 고려와의 경계로 정한 철령도 이 부근인 천산산맥 줄기에 있을 수밖에 없는 것이다.

[지도1]에서 봉집보의 위치를 살펴보면 산악지대와 평야지대가 구분되는

---

56) 『大明一統志』, 「山東 遼東都指揮使司」, '奉集廢縣 在撫順千戶所南八十里.
57) 『金史』 卷24, 「志」 第5, '地理上', 東京路
奉集, 遼 集州懷遠軍 奉集縣, 本渤海舊縣, 有渾河.

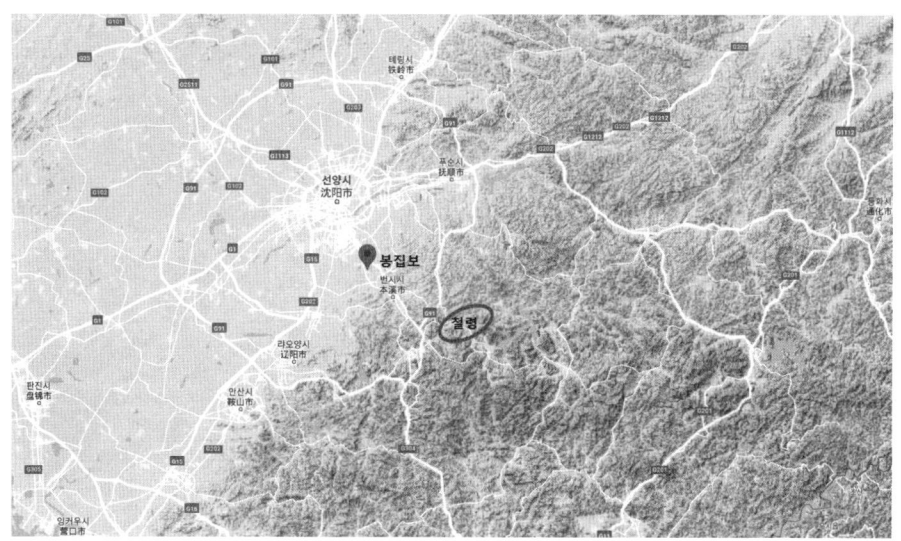
[지도1] 최초 철령위가 설치된 봉집보와 철령 비정 위치

지점에 위치하고 있다. 이곳의 동남쪽 산악지대는 길림합달령과 천산산맥이 이어지는 지점으로 원 때부터 국경지대였던 곳이다.58) 철령위가 설치된 봉집현이 고려와 국경을 접하고 있다고 한 것은 바로 명 때에도 이 지역이 고려와의 국경을 이루는 곳이었기 때문이다. 이러한 까닭에 철령도 이 산악지대를 말하는 것으로 보아야 하며, 그 위치는 최초의 철령위가 있었던 봉집현에서 멀지 않은 본계시 편령(偏嶺)부근 일대로 볼 수 있겠다. 고개(嶺)는 인마(人馬)가 다니는 길이기 때문에 대개 산줄기가 낮아지거나 끊어진 지역에 위치한다. 편령은 환인과 요양, 무순과 봉집현 및 관문산으로 이어지는 요충지에 있다.

---

58) 필자는 고려와 원의 국경인 慈悲嶺을 本溪市의 關門山 부근 思山嶺지역으로 보았다(「여말선초 서북국경선 연구」, 인하대 박사학위논문, 2020).

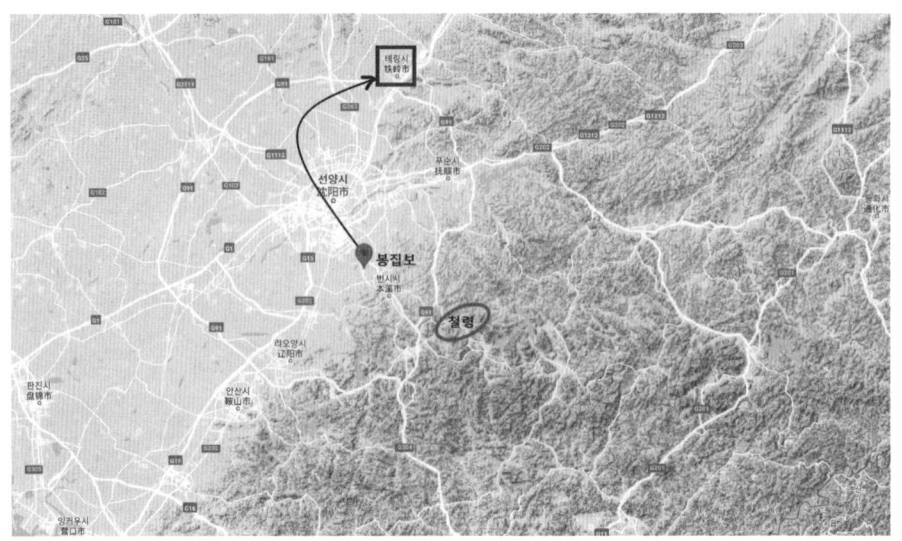

[지도2] 최초 철령위 설치와 이동 지역

해방 이후 우리 학계에서의 철령 위치 문제는 철령위와 구분하여 고찰하는 데까지 이르렀다. 그리하여 철령은 '강원도 철령'에, 철령위는 '강계-봉집보-철령시'로 이동하였다고 하고 있다. 하지만 앞서 살펴본 것처럼 철령과 철령위는 별개로 떼어서 살펴봐서는 안 되는 것이다. 철령과 철령위는 모두 요동에 위치하며 철령위는 봉집현에 처음 설치되었고 이후에 철령시로 이동한 것으로 보아야 한다.

명이 최초 철령위를 어디에 설치하였는가에 관한 여러 논쟁에서 모두 현재의 압록강을 당시의 압록강으로 생각하고 그 부근에 비정하려고 하였다. 그러다보니 철령위가 요동경략을 위한 명의 중심기지인 요동도사로부터 거리가 너무 떨어져 있어 중간지대의 경략을 생략한 까닭에 현실적으로 높은 장벽에 막혀 설치를 하지 못했다거나,[59] 강계나 황성 등에 설치하였

---

59) 박원호, 「철령위의 위치에 관한 재고」, 118쪽.

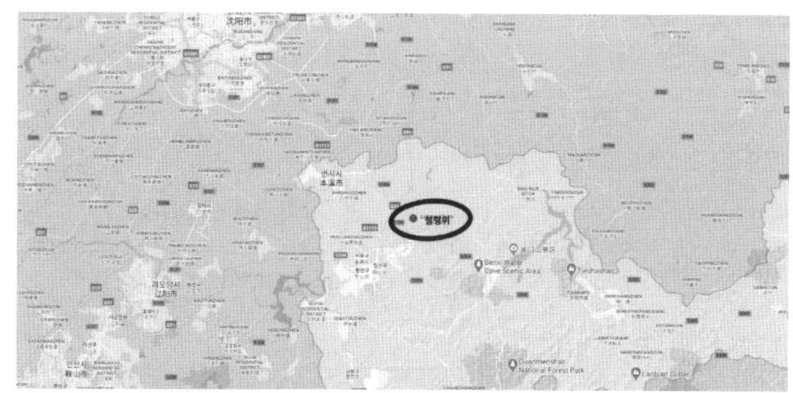

[지도3] [사진1] 최초 철령위 설치장소인 봉집보 위치와 봉집보 터

다가 봉집보로 옮기고 또다시 지금의 철령으로 옮겼다는, 기록에도 없는 설명으로 혼란만 가중시켰던 것이다.60) 철령위는 처음부터 봉집현에 세워졌고 5년 후에 지금의 철령 지역으로 옮겨진 것뿐이다. 그리고 철령은 봉집현에서 동쪽으로 40여km 떨어진 지점인 편령 지역에 함께 있었던 것으로 여겨지는바, 이렇게 철령과 철령위의 위치를 확인하면 무리가 없는 것이다. 이러한 논거는 당시 압록강의 줄기가 봉황성의 애하까지였다는 것을 염두에 두면 보다 쉽게 이해되는 것이다.

이제까지 논증한 철령과 철령위의 위치를 정리하면 [표3]과 같다.

[표3] 철령과 철령위 위치 비정

철 령	최초의 철령위	옮긴 철령위
중국 요녕성 본계시 편령	중국 요녕성 심양시 봉집보	중국 요녕성 철령시

V. 맺음말

필자는 본고에서 명 태조가 고려의 우왕에게 통보하였던 철령위의 위치에 대하여 그동안 중시하지 않았던 핵심논점인 70참의 의미를 중심으로 살펴보았다. 그 결과 70참은 남경에서 요양까지의 거리를 의미하며, 따라서 철령위의 위치는 한반도가 아닌 요동에 설치되었음을 논증하였다. 아울러 철령과 철령위는 분리해서 생각할 수 없으며 그 위치는 '중국 요녕성 본계시 봉집현'과 인근 지역에 있는 편령(偏嶺)이 유력함을 논증하였다.

---

60) 현재 국사편찬위원회 데이터베이스의 철령 관련 내용 주석

해방 이후의 우리 학계는 철령위 위치에 대하여 일본학자들이 주장한 강원도 철령설을 따랐다. 최근에는 요동 철령설이 주장되어 보다 설득력을 얻고 있다. 하지만 두 설 모두 명 태조가 철령위까지 70참을 설치하였다는 기록에 대하여는 명확한 설명을 하지 못하였다. 단지 몇몇 연구자만이 70참을 검토하였는데 이는 모두 강원도 철령설을 뒷받침하기 위하여 요양에서 강원도 철령까지의 거리가 무조건 70참이라거나 또는 70참은 너무 많은 까닭에 17참의 오류라고만 주장하였다. 이러한 주장은 역사연구의 기본인 전거사료에 근거하지 않은 비논리적이고 막연한 주장으로써 합리적 타당성과 명확한 논증이 결여된 것이다.

철령위 문제는 여말선초 우리의 강역을 고찰하는 데 매우 중요한 사안이다. 이는 고려 말까지의 서북계 강역은 물론, 조선 초 세종의 4군 개척에 이르기까지 상호 연관되기 때문이다. 따라서 철령위의 위치를 올바르게 비정하는 것은 여말선초의 우리 강역을 올바르게 정립하는 주춧돌을 놓는 것과도 같은 것이다. 철령과 철령위의 위치 비정에 따른 조선 초기의 강역에 대하여는 추후 별도의 논문에서 다루도록 하겠다.

[표4] 철령위 설치 전후의 주요 정치상황

연도(연호)	주 요 내 용
1368.1 (洪武元年)	〈명〉 주원장이 남경에서 명나라를 건국
1368.12	〈명〉 고려에 사신 파견, 명 건국을 알림.
1369.8	〈명〉 공민왕 책봉, 고려 流人 165명 보내줌. 고려는 홍무 연호 사용
1370.1	〈고려〉 공민왕이 元代 동녕부와 요양 공략
1371	〈원〉 요양행성 평장 유익이 명에 귀부, 명은 정요도위 설치
1372	〈북원〉 나하추가 명의 요동 군량저장소인 牛家莊 공격
1373.2	〈명〉 고려사신로 폐쇄
1374.9	〈고려〉 공민왕 시해, 우왕 즉위
1374.11	〈고려〉 密直 金義가 명나라 사신 林密을 開州站에서 살해
1377	〈고려〉 북원의 연호 사용
1378	〈고려〉 명의 홍무 연호 사용
1387.12	〈명〉 철령 이남지역만 관할할 것을 통고
1388.3	〈명〉 요동 땅 봉집현에 철령위 설치
1388.2	〈명〉 요동도사가 보낸 이사경 등이 강계에 이르러 철령위 설치를 알림.
1388.2	〈고려〉 박의중을 명에 보내 철령 이북은 고려 땅임을 주장
1388.3	〈명〉 후군도독부에서 요동백호 왕득명을 보내 철령위 설치를 고함.
1388.3	〈고려〉 우왕이 요동정벌을 위해 팔도의 군사를 징집
1388.4	〈명〉 예부상서 이원명에게 명하여 철령위 분쟁으로 흔단(釁端)을 일으키지 말라고 함. 〈고려〉 홍무 연호 정지
1388.4	〈고려〉 우왕이 요동정벌 추진
1388.5	〈고려〉 이성계의 위화도 회군
1388.6	〈고려〉 명에 사신으로 갔던 박의중 귀국
	〈고려〉 우왕 폐위 강화 귀양, 창왕 옹립, 홍무 연호 재사용
1389.11	〈고려〉 창왕 폐위 강화 귀양, 공양왕 옹립
1389.12	〈고려〉 우왕·창왕 처형
1392.7	〈고려〉 공양왕 폐위, 원주 귀양
1392.閏12.9	〈명〉 '조선'이란 국호를 내림.
1393.2.15	〈조선〉 이성계가 나라이름을 조선이라 함.
1393.4 (洪武26)	〈명〉 철령위를 옛 은주(현 철령시)로 옮김.

■ 참고문헌

1. 원전사료
· 『高麗史』, 『高麗史節要』, 『朝鮮王朝實錄』, 『與猶堂全書』, 『海東繹史續』.
· 『金史』, 『明史』, 『大明一統志』, 『太祖高皇帝實錄』.

2. 논저
· 구범진 역주, 『이문역주』 상, 세창출판사, 2012.
· 이기백, 『韓國史新論』, 일조각, 1999.
· 이병도, 『한국사대관』, 보문각, 1964.
· 이병도, 『한국사』, 을유문화사, 1978.
· 조선사편수회, 『朝鮮史』 제3편 제7권, 조선총독부, 1938.
· 한우근, 『國史通史』, 을유문화사, 1971.
· 稻葉岩吉 외, 『滿洲歷史地理』, 南滿洲鐵道株式會社, 1913.
· 津田左右吉 외, 『朝鮮歷史地理』, 南滿洲鐵道株式會社, 1913.
· 김용덕, 「鐵嶺衛考」, 『중앙대논문집』 6, 1961.
· 남의현, 「원·명교체기 한반도 북방경계인식의 변화와 성격-명의 요동위소와 3위(동녕·삼만·철령)을 중심으로-」, 『한일관계사연구』 39, 2011.
· 박원호, 「철령위의 위치에 관한 재고」, 『동북아역사논총』 13, 2006.
· 박원호, 「철령위 설치에 대한 새로운 관점」, 『한국사연구』 136, 2007.
· 복기대, 「철령위 위치에 대한 재검토」, 『선도문화』 9, 국학연구원, 2010.
· 이인철, 「철령위의 위치에 대한 재고찰」, 『고조선연구』 4, 2015.
· 이화자, 「고려·명 간의 철령위 설치를 둘러싼 논쟁의 진실」, 『대외관계사연구』 3, 한민족대외관계사연구소, 2009.
· 정태상, 「명의 철령위와 고려 말 국경의 재검토」, 『인문과학연구』 58, 2018.
· 정태상, 「실학자와 대일항쟁기 일본학자의 철령위 인식」, 『간도학보』 2, 2019.
· 허우범, 「여말선초 서북 국경선 연구」, 인하대 박사학위논문, 2020.
· 稻葉岩吉, 「鐵嶺衛の位置を疑ふ」, 『靑丘學叢』 18, 靑丘學會, 1934.
· 末松保和, 「麗末·鮮初に於ける對明關係」, 『靑丘史草』 1, 1965.
· 池内宏, 「高麗辛禑朝に於ける鐵嶺問題」, 『東洋學報』 8-2, 東洋協會調査部, 1918.
· 和田淸, 「明初の滿洲經略」, 『滿鮮地理歷史研究報告』 14, 東京帝國大學文學部, 1934.

3. 기타
· 국사편찬위원회 한국사데이터베이스(http://db.history.go.kr/)

거란어와 한국어 어휘 등의 유사성에 관한 연구

거란어와 한국어 어휘 등의 유사성에 관한 연구*

김 태 경

I. 머리말
II. 거란문자에 대한 소개
III. 어법구조, 글자형태 및 한자어 발음에서 본 두 언어의 유사성
IV. 언어 접촉 등을 통한 유사 어휘의 존재
V. 향후의 추가 연구를 위한 제언
VI. 맺음말

---

* 이 글은 (사)동북아시아역사연구회 학술세미나(2020.6.20)에서 발표한 논문을 수정·보완한 것임.

[초록]

  이 글은 거란어와 한국어가 그 어휘 등의 측면에서 유사함이 과연 어느 정도인지를 살펴보는 데 목적을 두고 있다. 거란은 지정학적 이유로 고려와 여러 차례 전쟁도 하였지만 오랜 기간 많은 접촉을 함으로써 서로 간에 주고받은 문화적 영향도 적지 않다. 그 중의 하나가 언어이다.

  거란어와 한국어는 어법 구조나 제자(制字) 형태에서 유사한 점이 많을 뿐만 아니라, 특히 거란어 어휘 중에는 한국어와 동일 어원을 가진다고 볼 만한 것들도 적지 않다. 물론 이는 알타이계 언어의 공통적 현상에 의한 것일 수도 있으나, 고구려에서 시작하여 발해 및 고려로 이어지면서 우리나라와 거란 사이에 있었던 수백 년간의 정치·외교적 접촉이 언어차용이라는 형태를 거쳐 일정부분 서로의 언어에 영향을 미친 결과일 수도 있다.

  그러나 언어 연관성을 연구하려면 거란대자보다는 소자를 기초로 하여야 하는데 현재 거란소자로 된 서적이 하나도 전해지는 것이 없고, 발견된 금석문 자료도 매우 부족하여 글자의 완전한 해독은 아직 요원한 실정이다. 그러다 보니 두 언어가 서로에게 어느 정도 영향을 주었는지는 가늠할 수 없고, 단지 몇 개의 유사 어휘만을 가지고 언어의 접촉이 있었을 것으로 추정할 뿐이다.

  따라서, 아직 불모지나 다름없는 이 분야를 조금이라도 개척해 나가기 위해서는 먼저 거란소자 묘지명의 정밀한 탁본을 수집하는 노력이 선행되어야 할 것이다. 이렇게 수집한 거란어 어휘들을 우리말 고어(古語)와 북부 방언 등의 언어 자료, 요대(遼代) 불경과 자서(字書) 등의 문자 자료, 다고르어 등 제반 알타이어 조사자료들과 비교해 나간다면 인접 언어와의 접촉 실태에 대한 분석뿐만 아니라 우리말의 어원을 밝히는 데에도 도움이 될 수 있을 것으로 본다.

  ■ 주제어 : 거란어, 거란문자, 언어의 유사성, 언어 접촉, 유사 어휘

I. 머리말

거란족은 요 왕조 창건 직후인 10세기 초에 그들의 고유문자인 거란문자를 창제하였다. 먼저 태조 신책 5년(920)에 거란대자라는 것을 만들었으나 표의문자 성격이 강하여 알타이어계의 언어인 거란어1)를 온전히 표현하기에는 충분하지 못하였다. 그래서 곧 뒤이어 거란소자를 만들기에 이르렀다.2) 이 거란소자는 비록 표의문자가 일부 남아 있고 발음이 중복되는 글자가 여럿 있어 한글처럼 과학적이지는 못하나 거란대자에 비해서는 많은 발전을 이루었다.3)

거란문자 창제에 관한 가장 오래된 기록은 왕부(王溥)의 『오대회요(五代會要)』이다. 그 책에는 "거란은 본래 문자가 없어 오직 나무에 새기어 이를 믿었는데 거란에 들어온 한인들이 예서의 절반을 가감하여 거란문자를 제작하였다"고 적고 있다. 그 후 구양수(歐陽修)의 『신오대사』, 섭융례(葉隆禮)의 『거란국지(契丹國志)』 및 도종의(陶宗儀)의 『서사회요(書史會要)』 등에도 그런 내용이 나온다.4) 원나라 때에 탈탈(脫脫)이 편찬한 『요사』에는 거란문자의 창제 과정이 대·소자로 나뉘어 보다 상세히 기록하고 있다.5)

---

1) 과거 중국 학자들은 거란어의 계통 문제에 대하여 의견이 분분했다. 어떤 이는 청조가 일찍이 솔론어(索倫語)로 『요사』, 『국어해』의 역사기록을 대조하였음에 근거하여 솔론어가 바로 거란어에 해당하니 거란어는 마땅히 만주-퉁구스어족에 속한다고 인식하였다. 어떤 이는 수사(數詞) 혹은 간지(干支)의 기록방식이 몽골어와 부합한다는 이유로 당연히 몽고어족에 속한다고 인식하였다. "거란문자연구소조"는 요대 거란어가 크게는 알타이어계에 속하며 현재의 어휘 자료와 거란문자의 연구성과로 볼 때 아마 몽고어족에 가깝거나 그 중의 일개 지파일 것 같다는 결론을 내렸다(淸格爾泰·劉鳳翥·陳乃雄·于寶麟·刑復禮 공저, 『契丹小字硏究』, 中國社會科學出版社, 1985, p.3).
2) 거란소자의 제정 계기에 대하여는 "淸格爾泰, 「關於契丹文字的特點」, 『아시아 제민족의 문자』(구결학회 편), 태학사, 1997, p.106"을 참조하라.
3) 거란대자는 약 2천 개의 글자가 한자(漢字)처럼 독립적으로 사용되는 데 비하여, 거란소자는 약 4백 개의 알파벳을 조합하여 글자를 만드는 형태이다.
4) 淸格爾泰 외, 앞의 책, p.4.
5) ①신책 5년(920) 9월에 거란대자가 완성되자 조서를 내려, 반포하여 시행하도록 하라고 하였다. (『요사』 권2 「태조기」)
　②질랄(迭剌)은 성격이 명민하였다. 회골의 사신이 왔는데 그와 말이 통하는 자가 없었다. 태후가 태

그동안의 거란문자 연구를 통하여 밝혀진 거란어의 특성을 보면 같은 알타이어계에 속하는 우리말6)과 어순이 거의 동일할 뿐만 아니라, 모음조화 현상이 있고 동사연결어미 등도 두고 있어 어법상으로는 별로 낯설지 않다. 또한 그 문자인 거란소자의 경우에는 자형 구조까지 한글과 유사한 부분이 많고 우리말과 유사한 어휘도 제법 포함하고 있어 우리말 비교 연구에도 유익한 정보를 제공해 줄 수 있으리라는 생각이 든다.

본 논문은 이러한 점에 주목하여 거란어와 한국어의 어법 구조, 제자 형태 및 어휘 비교를 통하여 그 유사함이 과연 어느 정도인지를 살펴보는 데 목적을 두고 있다. 우선 거란문자에 대한 국내의 인지도가 낮은 점을 감안하여 먼저 거란문자의 특징 등 전반적 개요와 국내외 연구 동향 등을 소개한 후에, 양 언어의 어법 구조와 자형 구조를 간단히 비교하는 절차를 거칠 것이다. 그다음으로는 상호 간에 언어 접촉이 있었으리라 짐작되는 몇 가지 사례를 살펴보고, 그 어휘들이 금석문이나 사서의 기록뿐만 아니라 소위 거란의 후예라고 인정되는 중국의 일부 소수민족에게도 유존되어 있는지를 살펴볼 것이다.

이 과정에서는 이미 외국 학계에서 거란문자의 상당 부분을 해독해 낸 상태이므로 그것을 밑바탕으로 하고,7) 거란어의 어원과 관련하여 그동안 산재해 있는 국내외 논문을 정리하여 그 속에서 우리말과 유사하거나 어원을 같이 한다고 추정되는 어휘들을 뽑아내어 비교·정리하는 방법을 사

조에게 '질랄이 총명하니 맡겨 보자'고 하여, 그를 보내 맞이하게 하였더니 그와 함께 20여 일이 지나자 말과 글을 터득하였다. 그리하여 거란소자를 제정하였는데, 글자의 수는 적지만 기록하기에 충분하였다(『요사』 권64 『황자표』).
6) 한국어의 계통적 위치는 핀란드 역사언어학자 람스테트(Ramstadt G. J.)의 가설에 따라 몽골어·만주어·튀르크어와 함께 알타이어족에 속한다고 보고 있다.
7) 거란문자는 아직 미해독 부분이 많은데, 아이씬죠로의 주장에 의하면 현재 자신이 거란소자의 90퍼센트, 거란대자의 80퍼센트의 음가를 복원해 내었다고 하나(愛新覺羅烏拉熙春·吉本道雅, 『韓半島から眺めた契丹·女真』, 京都大學學術出版會(2011), 머리말), 중국 측 학자들의 견해와는 다소 괴리가 있다.

용할 것이다. 여기에는 거란소자 묘지명8)에 새겨진 금석문과 『요사』·「국어해(國語解)」에 수록되어 있는 한자어로 표기된 거란어 어휘가 그 대상이 된다. 아울러 거란어의 유존 여부를 확인하기 위하여 중국 고고학계가 거란족의 후예라고 인정한 중국 윈난성 시디엔현(施甸縣)의 거란족 후예들과 네이멍구자치구·헤이룽쟝성의 다고르족9)이 사용하는 언어들도 일부 비교 대상이 될 것이다. 그런 후에 향후의 추가 연구를 위한 몇 가지 제언을 덧붙이는 것으로 글을 마무리하고자 한다.

II. 거란문자에 대한 소개

(1) 대자와 소자라는 2가지 문자를 만들고 표음문자로 전환

거란문자의 창제 과정에는 요나라 초기에 중국으로부터 귀화하여 온 한인들의 역할이 지대하였고, 그 영향으로 한자의 자형을 직접 차용한 사례가 많이 나타난다. 필획의 방향뿐만 아니라 어떤 것은 자형 자체가 한자 또는 그 부수와 비슷해 보인다. 이러한 경향은 거란소자보다는 먼저 만들어진 거란대자에서 두드러지게 나타나는데, 일부 글자와 단어는 의미와 형태가 한자와 매우 일치함을 알 수 있다.

---

8) 현재까지 발견된 거란문자는 거란대자가 약 2천 개, 거란소자가 약 4백 개이며 이러한 거란문자가 기록된 애책(哀册)이나 묘지명(墓誌銘)은 모두 50여 건이 출토되었다(愛新覺羅烏拉熙春, 「契丹文字の主な資料源」, 『2010년도 문명아카이브 해제 프로젝트』, 서울대학교 중앙유라시아연구소, 2010. 참조).
9) 이들 소수민족의 DNA 조사와 유존 언어 등에 대한 연구는 제4장에서 보다 상세히 설명하기로 한다.

거란대자의 주요 단어10)

天兲(孟父), 兲此(諸父), 爷介(姓氏), 屰走(同知), 肏挦롯(大將軍), 鱟仌疒亥(黃龍府), 五月(5月), 夰日(8日), 武手人(武安州), 兄弟(兄弟)

이렇듯 거란대자가 한자와 유사할 뿐만 아니라 표의문자의 성격까지 지님에 따라 머리말에서 언급한대로 자기들의 말을 정교하게 표현하는 데에는 여러 가지 한계를 가지고 있었다. 이런 불편을 극복하고자 새로이 만든 게 바로 거란소자이다. 거란소자는 기존 거란대자의 필획을 더 줄이고 자형을 개조하여 각각의 발음을 가진 알파벳11)을 만들고, 이 알파벳을 적게는 단독으로 많게는 일곱 개까지 이어 붙여 글자 하나가 구성되도록 함으로써 표음문자의 기능을 살렸다.

그럼에도 거란소자가 아직 초보적 표음문자 단계를 벗어나지 못하다 보니 동일한 발음을 하는 알파벳을 여럿 두고 있을 뿐만 아니라 자음과 모음이 분리되지 않은 것들도 많아,12) 전체 알파벳 수가 4백 개를 넘는 실정이다. 그에 따라 동일한 발음이나 의미임에도 이를 여러 가지 글자로 표현하는 결과까지 발생하여 거란어를 연구하는 데 있어 커다란 장애요인이 되고 있다.13) 특히 당시의 한자어를 거란소자로 표기한 사례에서는 이런 정황을 쉽게 엿볼 수 있다. 예를 들면 다음과 같다.

---

10) 白原銘, 『新發現契丹大字≪孟父房耶律統軍使墓誌≫(殘石)硏究』, 內蒙古大學 碩士學位論文, 2019, pp.60~62.
11) 거란소자에는 수백 개의 알파벳(중국의 문자연구 학자들은 이를 "원자"(原字)라고 호칭하고 있다)이 있는데, 한글처럼 발음기호의 기능도 겸한다(한글의 "ㄱ"、"ㅏ" 등과 같은 기능으로 이해하면 된다).
12) 한글은 위구르문자와 파스파문자의 영향으로 자음과 모음을 완벽하게 분리하고 있는데(박진호 외, 『한글과 동아시아 문자 비교 연구』, 국립한글박물관, 2016, p.3), 거란문자는 위구르문자의 영향을 받았음에도 상당수가 자음과 모음의 기능을 모두 가지고 있다.
13) 김태경, 『거란소자사전』, 조선뉴스프레스, 2019년, p.8.

거란소자의 중복 표기 사례14)

인(仁) 伍伞, 伍卄	감(監) 几斗 쏘, 几斗 乃	전(殿) 公交 芳, 令交 芳
신(臣) 朴打, 朴雨	검(檢) 几쏘, 几交 쏘	상(尙) 用兔, 朴兔, 疋兔
성(聖) 疋災, 疋冋, 骨	원(院) 灾芳, 芳公, 仲公	장(將) 仐卅, 仐卅, 仐並
대(大) 久中, 六中, 災, 公中		

한편, 거란어가 한어와는 문법구조가 다르고 그 글자 또한 표의가 아닌 표음문자이므로, 당시에 거란어를 접해 본 중국인들에게는 그것이 매우 이상하게 보였던 모양이다. 송나라 사람 홍매(洪邁)가 쓴 『이견지(夷堅志)』에 그러한 거란어의 표현방식에 대한 기록이 처음으로 등장한다. 그 글에는 "거란의 아이들은 처음 글을 읽을 때 먼저 거란어로 그 문구의 앞·뒤를 바꾸어 익히고, 한 글자를 가지고 두·세 글자로 사용한다"고 기록되어 있는데,15) 그 정황이 충분히 짐작이 간다.

(2) 거란문자는 요나라에 이어 금나라 초기까지 계속 사용

거란 정부가 건국 초기부터 공식적으로 문자를 만들어 반포하였음에도, 사서에는 거란문자의 사용범위가 그다지 넓지 않았다고 추정되는 내용이 다수 나온다. 『요사』나 『금사』 열전 중에 그 전기(傳記) 주인이 거란문자에 능통하지 못했음을 지적하는 내용이 종종 나오는데, 이는 당시에 거란 사람들이 거란문자를 보편적으로는 사용하지 못하였음을 말해 주는

---

14) 淸格爾泰 외, 앞의 책, p.150.
15) "契丹小兒初讀書, 先以俗語顚倒其文句而習之, 至有一字用兩三字者"(『이견지』, 중화서국 1971, p.514).

것이다.16) 또한 심괄(沈括)의 『몽계필담(夢溪筆談)』에 따르면, "거란 서적은 (외국 반출이) 엄금되어, 중국으로 가져간 자는 법에 따라 사형에 처했다"고 되어 있다.17) 요나라가 망하면서 북방지역이 영원히 다른 민족의 지배하에 들어가 버린 것도 원인이 되겠으나 이러한 사용범위의 보편성 부족과 거란 정부의 폐쇄적 정책이 거란족의 소멸과 함께 거란문자까지 급속히 사라지는 주된 원인으로 작용했다.

    요를 멸하고 금을 건국한 여진은 오랫동안 거란의 통치를 받아 왔기에 거란 문화의 영향을 비교적 많이 받았으며, 금나라 건국 초기에는 거란대자를 모방하여 여진문자를 창제하기도 하였다. 그러나 여진문자 창제 이후에도 일정 기간 거란문자의 사용이 계속 허용되었다는 점에 주목할 필요가 있다. 금 장종(章宗) 명창(明昌) 2년(1191)에 "유사(有司)에게 명하여 '지금부터 여진자로 한자를 직역하고 국사원의 거란자 기록 전담자를 폐하라'고 하였다"18)하며, 12월에 재차 조서를 내려 "거란자를 폐지하라"19) 했다는 기록이 이를 증명한다. 920년에 거란문자가 만들어져 1191년에 폐지되었으므로 거의 3백년 가까이 북방지역에서 사용되었던 것이다. 그러다 보니 현재 발견된 거란소자 비각 중에서는 『랑군행기(郎君行記)』처럼 금나라 때에 새겨진 것도 여러 건이다.20)

(3) 거란문자 자료는 대부분 최근에 발견된 금석문

일찍이 거란문자가 통용될 당시에 거란자를 이용한 저술과 한문 서적

---

16) 清格爾泰 외, 앞의 책, pp.14~15.
17) "契丹書禁甚嚴, 傳入中國者法死(『몽계필담』 권15).
18) "癸巳, 諭有司, 自今女直字直譯爲漢字, 國史院專寫契丹字者罷之(『금사』 권9 「장종본기」).
19) "詔罷契丹字"(『금사』 권9 「장종본기」).
20) 현재까지 발견된 금나라 비각 중 거란소자로 제작진 것은 모두 4건으로, ①랑군행기(郎君行記, 금 태종 천회 12년[1134]), ②소중공묘지(蕭仲恭墓誌, 해릉왕 천덕 2년[1150]), ③금대박주방어사묘지(金代博州防禦使墓誌, 세종 대정 11년[1171]), ④상식국사소공묘지(尚食局使蕭公墓誌, 세종 대정 15년[1175]) 등이다.

번역도 적잖이 이루어졌다는 기록들이 사서에 있지만 지금은 그것들을 찾아볼 수가 없다. 『요사』에서 "민간이 사사로이 문자를 간행하는 일을 금하였다"는 기록이 말해주듯 서적발간은 정부만이 할 수 있었고 전쟁이 계속되었기에 현재까지 거란문자로 된 서적이 거의 발견되지 않는 것이다.21) 따라서 대부분의 거란문자 자료는 모두 최근에 출토되거나 발견된 금석문들이라 해도 과언이 아니다.

물론 예외적인 것이 두 가지 있기는 하다. 중국의 『랑군행기』 비석과 러시아가 소장하고 있는 거란대자 책자가 바로 그것이다. 과거 금나라 때에 제작된 『랑군행기』 비석은 수 백년 동안 측천무후 묘 앞에 서 있었고 그 내용물 또한 명·청 시대의 중요 금석학 저작물에 여러 차례 수록되었건만 그 글자가 여진문자인줄 알았지 거란문자(소자)라는 사실은 아무도 몰랐던 것이다.22) 최근 러시아에서 공개된 거란대자 책자도 이와 유사한 경우라 할 수 있다. 2010년 11월 29일에 열린 러시아과학아카데미 동방문헌연구소 연차학술대회에서 고대 문헌 하나가 소개되었는데, 이 연구소가 소장하고 있던 거란문자(대자)로 된 책자였다. 기록에 따르면 이 책자는 수십 년 전 키르키즈스탄 지역에서 발견되어 1954년 11월에 소련과학원 키르키즈 분원 언어·문학 및 역사연구소가 모스크바로 보낸 것이었다.23) 연구소는 접수 당시에 이를 여진문자라고 등록하였고, 그 후 장기간 이에 대한 열람이나 연구·발표가 일체 없었다고 하니, 그 시기는 다르지만 모든 정황이 위에서 소개한 『랑군행기』와 자못 같아 보인다.

---

21) 清格爾泰 외, 앞의 책, p.16.
22) 『랑군행기』를 여진문자라고 잘못 알게 된 이유는 명대 금석학자 조함(趙崡)이 저서 『석묵전화(石墨鐫華)』(1618)에 그 비문을 수록하면서 비문 내용에 금나라 연호(천회 12년)가 새겨져 있음을 근거로 여진문자라고 처음 오인하였는데, 이 오류를 청대의 금석·고고학자들이 그대로 답습해 왔기 때문이다. 이 오류는 1920년대에 요 경릉 애책이 발견된 직후에야 바로 고쳐졌다(清格爾泰 외, 앞의 책, pp.15~16).
23) В. П. Зайцев, Рукописная книга большого киданьского письма из коллекции Института восточных рукописей РАН, Письменные памятники Востока 2(15), 2011, pp.130~131.

현대의 거란문자 자료의 발굴에 있어서는 벨기에 선교사인 켈빈(E. P. Louis Kervyn)의 공을 빼놓을 수 없다.24) 중국 네이멍구자치구 쟈오우따멍(昭烏達盟) 빠린여우치(巴林右旗)의 와린망하(瓦林茫哈)라는 지역에 요대의 경릉(慶陵)이 있는데, 그곳에는 요의 성종·흥종 및 도종 세 황제와 황후들이 안장되어 있다. 민국(民國) 초기에 도굴범들이 그곳을 파헤쳤는데, 당시 르허(熱河)에 있던 켈빈이 그 소식을 듣고 1922년 6월 해당 지역을 탐사하여 능묘 한 곳에서 문자가 있는 애책(哀册, 황제나 황후의 묘지명을 뜻한다) 4건을 발굴한 것이다.25) 그중 2건은 한자이고 2건은 거란소자였는데, 5일 동안의 노력 끝에 그 내용의 초록 작업을 모두 마쳤다.26) 그는 그다음 해에 불어로 쓴 『도종황제릉』(道宗皇帝陵, Le tombeau de L'empereur Tao-tsong)27)이란 글을 통하여 거란소자 인의황후(仁懿皇后) 애책의 초본 사진을 『베이징천주교잡지』에 처음 발표하였다.28)

이러한 소식이 밖으로 알려지면서 많은 사람이 고무되었다. 급기야 1930년 당시 르허성 주석의 아들 탕주어룽(湯佐榮)이 인부를 동원해 경릉을 발굴하였는데, 성종 능에서는 성종과 두 황후의 한문 애책이, 도종 능에서는 도종과 선의황후의 한문 애책과 거란문 애책이 각각 1조씩 나왔다.

---

24) 중국식 이름이 메이링루이(梅嶺蕊)인 켈빈은 벨기에 호그루드(Hoogelde)에서 태어났다. 1902년부터 1905년까지 루뱅(Leuven)대학에서 신학을 공부했고, 1905년 7월에 정식으로 신부가 되었다. 1919년 르허성 린씨현 하오포두샤오춘즈(林西縣 浩珀都小村子, 지금의 네이멍구자치구 린씨현 따잉쯔향)에 있는 천주교회에 파견되었다. 켈빈의 일생에 가장 빛나는 업적은 사라진 지 수백 년이 된 거란문자를 최초로 발견하였다는 것이다(劉鳳翥, 『契丹尋踪—我的拓碑之路』, 商務印書館, pp.9~12).
25) 清格爾泰 외, 앞의 책, p.16.
26) 켈빈은 당시에 인부 3명을 고용했는데, 애책의 무게가 각각 700kg이 넘었으므로 인부들이 이를 6~7m 높이의 능 밖으로 들어 올릴 방법이 없었다. 또한 그들 중 탁본 기술을 아는 사람도 없었으므로 착실히 글자를 베껴 적는 작업을 진행할 수밖에 없었다(劉鳳翥, 앞의 책, p.10).
27) L.Kervyn, Le tombeau de L'empereur Tao-tsong(1101) — Une découverte interéssante. Le Bulletin Catholique de P'ekin. 118. 1923. 참고로 이 능은 흥종황제의 능이었는데 켈빈이 도종황제의 능이라고 오인한 것이다.
28) 清格爾泰 외, 앞의 책, pp.16~17.

그는 발굴한 물품을 청더(承德)에 있던 그의 사저로 옮겼는데, 이 애책들은 우여곡절 끝에 현재 랴오닝성 박물관에 소장되어 있다.29)

국내외 학자들에 따르면 현재까지 발견된 거란문 묘지명의 수량은 약 50여 건인데, 그중 대부분이 거란소자 묘지명으로 전체 40건이 넘는다고 하며, 아직 학계에 발표되지 않은 것도 다수 있다고 한다. 그러나 최근 발견된 몇 건의 묘지명 탁본에 대하여는 위작 논란이 한창이다. 중국사회과학원의 류펑주(劉鳳翥)가 이와 관련한 문제점을 체계적으로 지적하고 있는데,30) 중국 내에서도 많은 논란이 있는 실정이다.31)

한편 이러한 북방 지역의 유물과 달리 1990년도 초에는 남방지역인 윈난성(雲南省)의 바오샨(保山) 지구에서 거란소자가 기록된 원·명 시대의 묘비가 일부 발견되었다. 일련의 조사 결과 이들 묘비의 주인은 원나라 때 몽고군에 의해 남방지역 정벌에 파견된 거란족 장수의 후예들인 것으로 판명되었다.32) 그 묘비들에는 穴・쑈・丙・夫・救・十・几・艻・尺・太・杰・쏘・火・丁・丂・药・山・玭・朱 등의 여러 가지 거란소자가 새겨져 있고 "장관"이나 "수장"을 뜻하는 거란소자 단어도 있었다.33) 이러한 묘비가 제작될 당시만 해도 이들은 최소한 거란문자에 대한 인식 정도는 갖고 있었음을 입증하는 것이다.

---

29) 위의 책, p.17.
30) 이와 관련해서는 ①契丹小字『蕭敵魯墓誌銘』和『耶律廉寧墓誌銘』均爲贗品, ②再論『蕭敵魯墓誌銘』爲贗品說, ③再論『耶律廉寧墓誌』爲贗品說, ④解讀契丹文字不能顧此失彼, 要做到一通百通—與吳英喆先生商權(이상은 "劉鳳翥, 『契丹文字研究類編』 제1권, 中華書局(2014)"에서 인용), ⑤契丹文字中的 "橫帳"(『유라시아 문명과 알타이』(2016)에서 인용) 등의 논문을 참조하라.
31) 류펑주의 위작 주장에 대하여는 네이멍구대학 교수인 우잉저(吳英喆)가 적극 반박하고 있다.
32) 몽골인이 유럽과 아시아 대륙을 가로지르는 대제국을 건설하면서 늘 크고 작은 전쟁이 끊이지 않았기에, 전투에 능한 거란족들은 기의 대부분 전장에 소집당하였다(劉鳳翥, 『契丹尋踪—我的拓碑之路』, p.8).
33) 거란문자가 기록된 묘비는 모두 청대에 세워진 것인데, 청대에 처음 세웠거나 명대의 조상 묘비(가장 이른 것은 1452년의 것이다)를 중수한 것인데, 가장 늦은 것은 1843년의 것이다. 윈난지역 거란후예에 대하여는 "孟志東, 『雲南契丹後裔研究』, 中國社會科學出版社(1995)", "吳東穎, 『契丹古尸分子考古學研究』, 中國協和醫科大學 博士學位論文(1999)" 등을 참조하라.

(4) 거란문자에 대한 그동안의 연구 현황

1920~30년대에 요 경릉에서 거란소자 애책이 잇달아 출토되자 많은 학자가 연구 활동에 나섬으로써 "거란문자학"이라는 새로운 연구영역이 형성되기도 하였다. 이 분야의 대표적 인물은 뤄푸청(羅福成), 왕징루(王靜如), 리딩쿠이(厲鼎煃) 등이다. 당시는 자료도 적었지만 금석문 출토 상황도 매우 혼란스러웠기에 고증이나 해독작업은 더욱 어려웠다. 초창기 학자들은 이런 어려운 여건에서 거란문자 연구의 첫발을 내디뎠다.34)

이들이 이용한 연구 방법을 한마디로 요약하면 "비교법"이다. 먼저 거란자 애책과 같은 내용의 한자 애책을 비교하고, 그다음으로는 개별 거란자 애책 간의 비교를 거치며 마지막으로 개별 거란자와 한문 사서에 기록된 거란어휘들을 서로 비교35)하는 것을 말한다. 요컨대, 이러한 방식으로 반복적인 비교를 거쳐 글자와 단어의 뜻을 해석하고 발음을 추정하는 것이다.36)

이들 초창기 학자들의 연구작업은 칭걸타이(淸格爾泰)·류펑주37) 등 5인으로 구성된 "거란문자연구소조(契丹文字硏究小組)"38)에 의해 집대성 되었는데, 그 최종 결과물이 바로 1985년에 출판된 『거란소자연구(契丹小字

---

34) 淸格爾泰 외, 앞의 책, p.21.
35) 거란자 자료와 관련된 한자 자료를 가지고 서로 내용을 대조하고 고증하여, 어느 거란자와 어느 한자가 서로 연계되는지를 확정함으로써 글자의 뜻을 해독하는 방법이다.
36) 위의 책, pp.21~22.
37) 류펑주(劉鳳翥)는 거란문자연구소조 구성원이자 『契丹小字研究』의 공동저자 5인 중 유일하게 생존하고 있는 학자이다. 80세를 훨씬 넘은 노령임에도 불구하고 『契丹文字研究類編』(2014), 『契丹尋踪—我的拓碑之路』(2016) 등 최근에도 많은 업적을 남기고 있으며, 2016년 10월에는 한국에서 열린 국제 학술대회에 발표자로 참석하는 등 국내외 학술활동에도 적극 임하고 있다. 현재는 여진문자 사전을 집필중이라고 필자에게 알려왔다.
38) 거란문자연구소조는 칭걸타이(淸格爾泰)와 류펑주가 공동 발의하고 중국과학원 민족연구소와 네이멍구대학 몽골어문연구실이 합의하여 1975년에 구성되었는데, 그 구성원에는 칭걸타이·류펑주 외에 천나이슝(陳乃雄)·위바오린(于寶麟)·씽푸리(邢復禮) 등이 포함되었으며, 그 구성 이유와 진행 경과에 대하여는 "劉鳳翥, 『契丹尋踪—我的拓碑之路』, pp.47~49"에 자세히 기록되어 있다.

研究)』이다.39) 한국의 김주원은 이 책자의 발간을 거란문자 연구에 있어서 가장 중요한 사건이라고 평가하고 있다.40)

이러한 배경을 바탕으로 지금은 거란문자를 연구하는 이가 많이 늘어났는데, 주로 중국과 일본 학자들이 중심을 이룬다. 중국에서는 류펑주와 지스(卽實)41)·류푸쟝(劉浦江)42)·우잉저43)·쑨보쥔(孫伯君)44) 등이, 일본45)에서는 아이씬죠로 우라씨춘(愛新覺羅烏拉熙春)46)·요시께 고이찌(吉池孝一)47)·오오다케 마사미(大竹昌巳)48) 등이 왕성한 연구 활동을 하고 있다. 그러나 아직 이들 국가에서조차 거란문자 해독이 완전하지 못하고49) 묘

---

39) 이들은 『契丹小字硏究』 발간 이전인 1977년에도 『內蒙古大學學報』 제2기와 제4기(거란소자연구 특별호)에 「契丹文字的硏究取得重大進展」과 「關於契丹小字硏究」라는 논문을 각각 발표한 바 있다.
40) 김주원, 「거란소자 연구의 첫걸음」, 『2015년 제2차 문자연구 학술대회 자료집』, 2015, p.80.
41) 지스는 『謎林問徑—契丹小字解讀新程』(1996)과 『謎田耕耘—契丹小字解讀續』(2012) 등 거란소자 해독과 관련한 방대하고 깊이 있는 연구 서적을 다수 발간하였다.
42) 류푸쟝은 2015년 초 작고하였으며, 거란소자 어휘 사전의 기능을 겸한 『契丹小字詞彙索引』(2014)이란 제명의 대작을 남겼다.
43) 우잉저는 네이멍구대학의 거란문자 연구를 주도하는 학자로서 『契丹語靜詞語法範疇硏究』(2007), 『New Materials on the Khitan Small Script』(2010, Juha Janhunen와 공저), 『契丹小字新發現資料釋讀問題』(2012) 등의 연구 서적을 발간했다. 현재는 신진 학자들을 지도하여 거란문자에 관한 여러 편의 학위 논문들을 발표하고 있다.
44) 쑨보쥔은 니에홍인(聶鴻音)과 함께 『요사·국어해』 등에 한자로 기록된 130여 개의 거란어 어휘에 대하여 본격적인 연구를 하여 단행본인 『契丹語硏究』를 2008년에 출판한 바 있다.
45) 일본에서는 야마지 히로아키(山路廣明), 무라야마 시치로(村山七郎), 오사다 나츠키(長田夏樹), 도요다 고로(豊田五郎) 등에 의하여 1940년대 이후부터 활발한 연구가 이루어졌다.
46) 아이씬죠로는 만주족으로 청나라 건륭제의 9대손(건륭의 다섯째 아들인 榮純親王 永祺의 직계)이다. 여진학·만학·몽고학의 권위자인 조부(金光平: 愛新覺羅恒煦)와 부친(金啓孮: 愛新覺羅啓孮)의 학문을 이어받았고, 현재 일본 학계의 여진·거란문자 관련 연구를 이끌고 있다. 그 중 거란문에 대해 『契丹語言文字硏究』(2004)와 『遼金史與契丹·女眞文』(2004)을 시작으로 『契丹文墓誌より見た遼史』(2006), 『愛新覺羅烏拉熙春女眞契丹学硏究』(2009), 『韓半島から眺めた契丹·女眞』(2011), 『新出契丹史料の研究』(2012), 『契丹大小字石刻全釈』(2014), 『大中央胡里只契丹国』(2015) 등 많은 저작을 발표하였다.
47) 요시께는 최근 『KOTONOHA』라는 언어학 학술지를 통하여 거란소자에 관한 많은 논문을 발표하고 있다.
48) 오오다케는 초창기에는 이 글에서 참고문헌으로 여러 건이 인용되었듯이 다고르어 연구(「ダグール語音韻史の再構成」, 2012년 교토대학 졸업논문)에서 출발하였다. 그 후 이를 바탕으로 거란문 연구를 시작하였고, 현재까지 「契丹小字文献における母音の長さの書き分け」(2015) 등 다수의 거란어와 다고르어 관련 논문을 발표한 바 있다.
49) 아이씬죠로에 의하면 현재 자신이 거란소자의 90퍼센트, 거란대자의 80퍼센트의 음가를 복원해 내었다고 한다(愛新覺羅烏拉熙春 외, 앞의 책, 머리말 p.3).

지의 주요 내용, 특히 묘주의 인명·계보 등에 대하여는 학자들 간 견해차가 심할 뿐만 아니라 심지어는 동일 학자라도 연구 시점별로 상당한 변화를 보이기도 한다.

그러면 우리나라의 경우는 어떠한가? 비록 광복 이전에는 거란문자를 깊이 있게 연구하는 학자가 있었고 그의 이론적 타당성도 인정되었으나,50) 아쉽게도 그 이후에는 장기간 명맥이 이어지지 않아 얼마 전까지만 해도 거란문자에 대한 연구 실적은 찾아보기가 힘들었다. 그러다가 10여 년 전부터 거란의 역사와 문자를 주제로 한 국제학술대회51)가 국내에서 개최되기도 하고, 이성규가 "거란어와 한국어의 관련성", 『요사·국어해』와 거란소자의 관직명" 등 그동안 우리 학계에서 접해 보지 못한 여러 연구 결과52)들을 잇달아 발표함으로써 국내에 거란문자 연구를 위한 토대가 조성되기에 이르렀다.

또한 최근 들어서는 거란어 연구의 기본서라 할 수 있는 중국어판 『거란소자연구(契丹小字研究)』(清格爾泰 외, 1985)가 2016년에 한글로 번역 출판되었고53) 이어서 2019년 초에는 『거란소자사전』까지 출판되면서 이러한 분위기가 이어지고 있다. 한편 아직 진행 과정이긴 하지만 노영식이 외국 문헌(주로 『거란소자연구(契丹小字研究)』(1985)과 일본 오오다케의 글이다) 등을 주로 참조하여 거란소자 문법을 정리하는 작업을 진행하고 있는 것도 눈여겨볼 필요가 있다.54)

---

50) 辛兌鉉, 「契丹文哀册に就て」, 『青丘學叢』 28호(1937). 그의 거란소자 천간(天干) 오색설(五色說) 이론은 아직도 중국과 일본의 학자들로부터 주목을 받고 있다.
51) 한국몽골학회와 단국대학교 북방문화연구소 공동 주최로 2009.10.17. 개최된 『거란 연구의 현황과 연구 방향』 국제 학술대회가 그 대표적 예이다.
52) 이성규, 「『요사』(遼史) 국어해(國語解)의 거란어 연구」, 『몽골학』 제32호(2012); 「거란소자 표기 단어와 한국어의 비교 연구」, 『북방문화연구』 제4권(2013); 「거란소자 서수사 연구」, 『몽골학』 제44호(2016) 등이 있다.
53) 김태경(옮김), 『유목민족이 남긴 미스터리—거란소자연구』, 예문춘추관(2016); 『거란소자사전』, 조선뉴스프레스(2019)가 그것이다.
54) 노영식의 글은 "아카데미아"(www.academia.edu)에서 온라인으로 열람할 수 있다

Ⅲ. 어법구조, 글자형태 및 한자어 발음에서 본 두 언어의 유사성

(1) 어법 구조의 유사성

알타이어계에 속하는 거란어는 우리말의 어법 구조와 유사한 특징을 많이 가지고 있다. 예컨대 우리말과 동일한 어법 구조, 즉 ①어순이 '주어+목적어+서술 동사'의 순으로 이루어지는 점, ②모음조화 현상이 존재하는 점, ③소유(소유격 조사)나 방향·위치를 나타내는 조사(향위격 조사) 등이 주로 명사·대명사의 뒤에 놓인다(즉, 전치사가 아닌 후치사로 쓰인다)는 점 등을 들 수 있다.55)

이는 여타 언어, 특히 중국의 한어와는 특별히 차이가 나는 부분인데, 실례로 거란 도종황제의 능에서 발굴된 한문 애책과 거란소자 애책56)의 유사한 내용을 비교하여 보더라도 이러한 차이가 명확히 드러난다.

[한문 애책 제4행]

大行天佑皇帝   崩   於   韶陽川行在所   "대행천우황제께서
      S   V (prep.)   O   소양천 행재소에서 붕서하셨다."

[거란소자 애책 제5행]

          S   [O(post.)+adv.+V] [O(post.)+V] [O(post.)+V]

---

55) 거란어의 문법적 특징에 대하여는 "大竹昌巳,「契丹語形容詞の性・数標示体系について」(『京都大学言語学研究』 제35호, 2016)"의 각주1에 일목요연하게 정리되어 있다.

56) 1930년 탕주어롱이 도종 능을 발굴하였을 때 마침 도종과 선의황후의 한문 애책과 거란문 애책이 각각 1조씩 발견되었는데, 상호 대역 관계는 아니었지만 서로 비슷한 부분이 많아 거란소자 연구의 첫 단계인 한자·거란자 비교 연구의 발단이 되었다.

"도종인성대효문황제(道宗仁聖大孝文皇帝)께서 북나수(北那水)에서 일찍이 [일부 미해독] 이달복(二撻卜) 못에 이르러 알로타(斡魯朶) 행장(行帳)에 머물렀다가 붕서하셨다."

애책의 글자들을 일일이 풀어 보면 아래와 같다. 한어와는 어법 구조가 확연히 다를 뿐만 아니라, 주격조사가 없다는 것만 제외하면 한국어의 어법 구조와 거의 동일함을 알 수 있다. 또한 12번째 글자, 17번째 글자 및 20번째 글자의 끝에 각각 붙어있는 "矢"[tə]·"ㅆ"[ər]·"卍"[ud]는 모두 장소를 나타내는 후치사로서 명사 뒤에 붙어 "~에", "~에서" 등의 의미를 지닌다는 것도 우리에게는 익숙한 형태이다.

| dau.u | s.oŋ | qur.u.ur.bur | mu.o.dʒi | m.o | tʃ.i.s.t.bur | w.un | huaŋ | di |
| 도 | 종 | 인 | 성 | 대 | 효 | 문 | 황 | 제(께서) *거란어에는 주격조사가 없다 |

| xɔi | na | mur.tə | a.ar.ir | t(d).io.r | tʃ.jæ.en.ən | dʒir tə.bu.tər | k(h).ui.tʃi | sə.mu.ən | o.ordu.u.ud |
| 북 | 나 | 수에서 | 일찍이 | [미 해독] | | 이달복 못에 | 이르러 | 알로타 행장에 |

s.a.ar l.io.ir.ər
머물렀다가 붕서하였다.

* 여기에서 애책의 글자체는 『도종황제 애책』의 글자체를 그대로 따온 것이며, 거란소자의 발음과 어휘 번역은 『거란소자사전』(김태경 저, 2019)을 참조하였다.

(2) 거란소자 글자 구성 방식의 유사성

거란소자는 거란대자와 한자의 필획을 이용해 창제되었고, 그 과정에서 위구르문자와 같은 여타 표음문자의 영향을 받았다는 기록도 존재한다.57) 한편 거란소자가 한자 또는 그와 유사한 거란대자의 필획에서 알파벳을 따왔으므로, 그 알파벳들이 조합된 글자의 외형만을 얼핏 보면 한자와 유사하다는 느낌을 가질 수 밖에 없다. 그러나 자세히 살펴보면 한글과 닮은 점이 훨씬 많다는 점을 알게 된다. 각각의 알파벳이 고유의 발음을 가지고 있고, 이것들이 여러 개 모여 거의 정방형의 글자(때로는 알파벳이 많아 직사각형 글자가 나오기도 한다)를 구성하며,58) 이 글자들이 모여 하나의 단어를 완성하는 것 등이다.

즉, 한글의 경우에는 『훈민정음』 해례본의 부서(附書) 규정에 한 글자 즉 한 음절자를 만드는 방법이 규정되어 있어 알파벳을 체계적으로 배열하여 정사각형의 모양을 지향하도록 설계되어 있음에 반해, 거란소자나 파스파문자는 알파벳의 수가 늘어감에 따라 글자가 점차 길쭉한 직사각형을 이루게 되는 약간의 차이가 있을 뿐이다.59)

이 같은 거란소자의 글자 구성은 같은 알타이계 언어 중에서도 찾아보기가 매우 드문 사례라 할 것이다. 쉬운 예로 한자어 "삼(三)"을 가지고 거란소자와 한글의 철자방식을 비교해 보면 그 유사함에 놀라지 않을 수가 없다.

[표1] 거란소자와 한글의 철자방식 단순 비교60)

구분	낱글자	글자	발음	의미
거란소자	수 芍 乃 [s] [a] [am]	수 芍 乃	[sam]	한자 三
한글	ㅅ ㅏ ㅁ [s] [a] [m]	삼	[sam]	한자 三

---

57) 淸格爾泰 외, 앞의 책, p.147.
58) 한글과 거란소자의 정방형 특징과 관련하여서는 "Nicolas Tranter, The 'Ideal Square' of Logographic Scripts and The Structural Similarities of Khitan Script and Han'gŭl, Pathways into Korean Language and Culture, 2002."를 참조하라.
59) 김주원, 「세계 여러 문자의 모음 표기 양상과 훈민정음의 모음자」, 『국어학』 제80집, 2016, p.100.
60) 김태경 편저, 『거란소자사전』, 조선뉴스프레스, 2019, p.10.

우리는 이 부분에서 한글과 거란소자의 역사적 관련성이 궁금해지게 된다. 그러나 아쉽게도 이에 대한 명확한 기록을 사서에서 찾을 수가 없다.

사서에는 세종 27년(1445) 1월에 집현전 부수찬 신숙주, 성균관 주부 성삼문 등이 운서(韻書)를 질문하려고 당시 요동에 유배되어 와있던 명나라 유학자 황찬(黃瓚)을 만나러 갔다(그 이후 총 13번이나 만났다고 한다)고 되어 있고, 유희(柳僖)의 『언문지(諺文志)』『초성례(初聲例)』에서는 "우리 세종께서 유신들에게 명하여 몽고자양(蒙古字樣)에 의거하여 명나라 학사 황찬에게 질문하여 만들었다"는 기록이 있으며, 이익(李瀷)의 『성호사설(星湖僿說)』에서는 "정음이 몽고문자에서 기원하였다"라는 기록이 있다.[61] 이러한 것들을 기초로 한글이 동아시아 여러 민족의 표음문자로부터 영향을 받아 제정되었으며, 특히 원나라 때 제정된 파스파문자[62]가 한글 발명에 적지 않은 영향을 주었다는 주장이 대세를 이룬다.[63] 그러나, 한글의 제자 원리는 매우 독창적이어서 어떤 문자를 모방하거나 본뜬 것이 아니라는 부분[64]도 충분한 설득력이 있어 보인다.

한글 창제에 즈음하여 1444년 최만리 등이 훈민정음 관련 상소문에서 한자를 비롯하여 몽골·서하·여진·일본·티베트 등 아시아에서 제정되고 사용된 문자들을 언급한 바 있는데,[65] 여기서도 거란문자에 대해서는 일절

---

61) 정광, 『한글의 발명』, 김영사, 2015, pp.388, 389, 466.
62) 원 세조 쿠빌라이 칸이 몽골어와 각 민족의 언어를 표기하기 위하여 라마승 팍빠('Phags-pa)를 시켜 만든 문자로 원 지원(至元) 6년에 반포하였다(심영환, 「몽고자운」, 민속원 2020, pp.11~12 참조). 따라서 정확한 호칭은 팍빠문자가 합당하나 국내에서 파스파문자로 널리 통용되고 있어 편의상 그에 따른다.
63) 정광, 『한글의 발명』, p.43.
64) 정광, 『몽고자운 연구』, 박문사, 2009, p.296. 한편, 김주원은 "거란문자가 한글과 유사한 점은 있으나, 훈민정음은 한자가 아닌 발음기관을 상형했고, 한 단위의 글자가 한 음절을 나타내며, 글자의 운영원리가 초성—중성—종성을 순서대로 조합하고 있어 거란문자와는 그 제자 원리나 글자 운영 면에서 모든 것이 다르다"고 주장하고 있다(김주원, 『훈민정음』, 민음사, 2013, pp.255~256).
65) 김주원, 「한글과 거란소자에 관한 단상—Wylie(1860)에 나타난 한글과 거란소자 비교에 대한 논평」, 『건지인문학』 제8집(2012), p.91.

언급이 없다.66) 따라서 거란문자 등과의 관련성에 대하여는 추가적인 연구가 필요한 부분이다.67)

(3) 거란소자 사용 당시의 한자어 발음의 유사성

거란소자로 표기된 한자어 발음을 통하여 당송시대 중국 동북지역의 한자어 발음을 추정해 볼 수 있다. 초기의 거란소자 연구 학자들은 거란소자 비문과 한자 비문을 비교하면서 주로 『중원음운(中原音韻)』이라는 운서(韻書)를 참조하여68) 한자의 중고음(中古音)을 추정하였다. 그 책에 따르면 당시의 한자어 발음은 지금의 중국어 발음과는 상당히 다른 점이 있고, 일부는 현재 우리나라의 한자어 발음69)과 일치하기도 한다.

예컨대 앞의 [표1]에서 예시한 "삼(三)"의 현대 한자어 발음은 [sān]이 됨에 반하여, 『중원음운』에 기록된 당시의 발음은 현재 우리의 발음과 동일한 [sam]이었으며,70) 거란 사람들도 "卆扚乃"이라고 쓰고 [sam]으로 읽었으리라고 추정할 수 있다. "김(金)"·"감(監)"·"검(檢)" 등도 상황이 이와 거의 유사하다.71) 이렇듯 거란소자를 통해서 약 1천 년 전의 중국, 적어도 북방지역에서는 상당수의 한자어 발음이 현재 우리의 한자어 발음과 매우 유사하였음을 다시금 입증할 수 있는 것이다.

---

66) 김주원은 이에 대하여 "여기에서 거란자가 언급되지 않은 점은 다소 놀랍다"고 표현하고 있다(김주원, 「세계 여러 문자의 모음 표기 양상과 훈민정음의 모음자」, p.79).
67) 한국어와 거란어의 일반적인 관련성에 대하여는 이성규의 「고구려, 발해, 거란문자와 상호 연관성 연구」(『다문화 융합의 만주지역 고문자연구 및 자료개발』, 2012)와 「거란소자 표기 단어와 한국어의 비교 연구」(『북방문화연구』 제4권, 2013)를 참조하라.
68) 『중원음운』은 1324년 원나라의 주덕청(周德淸)이 편찬한 것으로 현존하는 최초의 곡운 운서(曲韻韻書)이다. 13~14세기의 북방한어 관화(표준어)의 음운체계를 대표하며, 당시의 북방에 현존하고 있던 언어를 근거로 분류한 것이다(孫伯君 저, 이상규 외 역, 『금나라 시대 여진어』, 태학사, 2015, pp.64~65 참조).
69) 우리나라 한자음의 성립과 변천에 대하여는 "정광, 「朝鮮漢字音의 成立과 變遷」, 『인문언어』 제7권 제7호, 2005, pp.31~46"을 참조하라.
70) 『중원음운』에는 "嵩·監咸"이라 표기되어 있어 [sam]으로 읽힌다.
71) 이와 관련한 보다 상세한 내용은 "淸格爾泰 외, 앞의 책, pp.81~109"를 참조하라.

Ⅳ. 언어 접촉 등을 통한 유사 어휘의 존재

거란어는 역사·지리적 영향으로 인하여 고대 몽골어와 유사한 낱말이 매우 많지만, 명사나 형용사 같은 일반 낱말 중에서는 우리와 동일한 어원을 가진다고 볼 만한 것들도 적지 않게 찾아볼 수 있다. 물론 이러한 결과는 만주-퉁구스어족의 공통적 현상에 의한 것일 수도 있겠으나, 고구려에서부터 시작하여 발해·신라와 고려로 이어지면서 우리나라와 거란 사이에 있었던 수백 년간의 정치·외교적 교류 또한 일정 부분 서로의 언어에 영향을 미쳤으리라는 점은 가히 짐작이 가는 부분이다.[72]

이에 대하여 이성규는 거란어와 한국어를 비교·연구하기 전에 한국어와 거란어 사이에 언어 접촉이 있었는지를 살피는 것이 언어학적으로 매우 중요하다고 주장하고 있다. 만일 한국어와 거란어 사이에 오랫동안 언어 접촉이 있었다면 두 언어 사이에 나타나는 공통점은 기원적으로 동일한 조상에서 출발한 것이 아닌 인접 언어 간의 접촉에 의한 차용이나 영향으로 볼 수도 있기 때문이다.[73]

본 논문에서는 거란어와 한국어에 나타나는 일부 유사성이 어떠한 원인으로 인하여 형성되었는지에 주목하는 것은 아니다. 그것을 밝히는 것은 현재의 우리나라 학문 여건을 볼 때 사실상 불가능한 일일 뿐 아니라, 설사 누군가 밝히려고 시도한다 하여도 이는 단지 몇 명의 연구자가 기존의 문헌만을 가지고 진행할 수 없는 지난한 일이기 때문이다.

따라서 여기에서는 그에 관한 가장 초보적인 작업으로서 먼저 거란소자 애책이나 묘지명에 새겨진 금석문을 가지고, 다음으로는 거란족 요나라의

---

[72] 『고려사』를 보면 거란과 고려의 접촉 부분이 자주 나온다. 그중 고려 태조 26년(943)의 기록("거란은 금수의 나라로 풍속이 다르고 언어 역시 다르다")과 성종 14년(995)의 기록("아이 10명을 거란에 보내어 그 말을 배우게 하였다")이 주목할 만하다.
[73] 이성규, 「거란어와 한국어의 관련성 연구」, 『북방문화연구』 제1권 제1호, 2010, p.14.

정사인 『요사』의 「국어해」편에 수록되어 있는 어휘들을 가지고 그동안 거란어를 연구한 학자들이 밝혀낸 바 있는 일부 단어 중에 거란어와 우리말과의 유사성 부분을 정리하고 소개하는 데 주력하고자 한다.

그다음으로는 우리 학계에 거의 소개되지 않은 내용이지만, 원난성 바오샨 지구의 몇몇 성씨를 가진 이들과 네이멍구자치구·헤이룽쟝성에 거주하는 다고르족이 거란족의 후예라고 인정되고 있음에 비추어, 이들이 각각 사용하는 언어74) 중 거란어와 거의 동일하면서 우리말 어휘와도 연관성이 있어 보이는 것들을 몇 가지 추려내어 소개하고자 한다.

(1) 거란소자 애책 또는 묘지명에 나타난 어휘

거란소자 묘지명 등에 기록된 어휘로서 그 발음과 의미가 해독되어 학계에서 나름대로 정확성을 인정받고 있는 것 중에 한국어와 발음 및 의미가 유사하다고 볼 수 있는 것들을 여러 개 골라 보았다. 이와 관련하여서는 언어 관련성 연구에서 나름대로 앞서가고 있는 일본의 아이씬죠로 우라씨춘(愛新覺羅烏拉熙春), 한국의 이성규 및 러시아의 Alexander Vladimirovich Vovin75)의 연구내용을 주로 비교 정리하였고, 여타 관련 연구 결과물도 보조적으로 활용하였음을 밝혀 둔다.

물론 여기에 열거된 어휘들은 채 20개가 되지 않을 정도로 극소수이다. 그러나 앞서 언급한 것처럼 거란문자 연구의 유일한 자료가 묘지명 등에 새겨진 금석문인데, 그런 묘지명이 그동안 중국에서 발견된 것이 황제·황후

---

74) 언어 유형 구분에 대한 국내 연구 결과에 따르면 다고르어는 어순 등에서 한국어와 매우 유사하며, 거란족의 잔재를 지닌 몽골어의 방언이라고 보고되고 있다(강경원, 「언어유형 구분에 의한 한국어 유사언어와 그 분포」, 『문화역사지리』 제20권 제2호, 2008, p.9).
75) Vovin은 거란어 중 몽골어, 중앙아시아어 또는 중국어에서 차용되지 않은 어휘의 유래를 설명하기 위하여는 한국의 고대어(고구려어와 발해어)와 비교하는 것이 효율적이라고 판단하여 이를 집중적으로 연구하였다(자세한 것은 "Alexander Vovin, Koreanic loanwords in Khitan and their importance in the decipherment of the latter, Acta orientalia academiae scientiarum Hung, volume 70(2), 2017, pp.207~215를 참조하라).

의 애책을 포함하더라도 겨우 몇십 개에 지나지 않아 기본적으로 자료 범위에 한계가 있었다는 점을 충분히 고려하여야 할 것이다. 또한 아직 학계의 연구 수준이 거란문자의 완전한 해독에까지는 이르지 못하고 있을 뿐만 아니라, 이웃 언어와의 관련성 등 이러한 분야의 연구가 여전히 미진한 상황임을 감안 한다면 실제로는 이보다 훨씬 더 많을 것으로 추정한다.

[표2] 거란소자 어휘와 한국어의 비교

거란소자	추정음		의 미	참 고
	음성기호	한글발음		
丙	[məgə] [əmə]	[어머]	어미, 암컷	愛新覺羅烏拉熙春 외 2011[76]
乇	[mas]	[마스]	"처음(마수)", "첫째(맏)"의 어근에 해당	이성규 2013[77]
又冬	[m.as]			
又冬欠	[m.as.gu]	[마스구]	우두머리, 맏아들, 첫째	王弘力 1986,[78] Kane 2009,[79] Vovin 2017[80]
圶出夾	[ʃ.oɲ.ur]	[송굴]	송골(매), 해동청	呼格吉樂圖 2017[81]
五	[tau]	[타우]	다섯(5)	이성규 2010[82]

---

76) 몽골어의 "처·여자"를 나타내는 [eme], "조모"를 나타내는 [emege]; 다고르어의 "모친"을 나타내는 [əmə], "처"를 나타내는 [əməg], "처·여자"를 나타내는 [əmwun]; 여진어와 만주어의 "모친"을 나타내는 [əmi]; 한국어의 [əmi]·[əməni] 등과 동원이다(愛新覺羅烏拉熙春, 『契丹文墓誌より見た遼史』, 松香堂(京都), 2006, pp.301~302; 愛新覺羅烏拉熙春 외, 앞의 책, p.140).
77) "처음", "으뜸", "우두머리" 등의 의미로 사용되는 한국어의 "맏"[mat]과 동일한 어원이다(이성규, 「거란소자 표기 단어와 한국어의 비교 연구」, pp.6~7).
78) "又冬余"[m.as.gu]와 동일하며, "맏아들" 등의 의미를 지닌다(王弘力, 「契丹小字墓誌研究」, 『民族語文』 1986 제4기, p.66).
79) Daniel Kane, The Kitan Language and Script. London: Brill, 2009, p.50.
80) Alexander Vovin, op. cit, p.208.
81) "해동청"을 뜻하는 몽골어의 [ʃoŋxɔr]와 동일한 어원이다(呼格吉樂圖, 『契丹語與蒙古語共同詞彙研究』, 內蒙古大學 碩士學位論文, 2017, pp.21~22).
82) 한국어의 "다섯"(『계림유사』 고려방언의 "打戌[다ㅅ]")과 연결이 가능하다(이성규, 앞의 논문, p.19.).

거란소자	발음	[한글]	의미	출처
平	[ai]	[아이]	아비(아버지)	愛新覺羅烏拉熙春 외 2011; Vovin 2017[83]
			해(年)	Vovin 2017[84]
叐	[niar]	[날]	날, 일(日)	孫伯君 외 2008[85] 吳維 외 1999[86]
冬本	[as.ar]	[아사]	①아사(阿思) ②넓은, 관대함, 광대함	王弘力 1986[87] 이성규 2010·2012[88]
乃	[mur]	[무르]	강, 하천	孫伯君 외 2008[89]
水禾伏	[pu.s.in]	[푸신]	부인(夫人)	愛新覺羅烏拉熙春 외 2011[90]
令丙刃	[d.iu.r]	[두르]	두리(형상, 외관)	愛新覺羅烏拉熙春 외 2011[91]
公方刘	[n.ad.bu]	[나쁜]	날발(捺鉢)[92]	Wittfogel 외 1949[93]

---

83) 아이씬죠로는 "平"[ai]가 몽골족 및 만주·퉁구스어족과 동원 관계이며, 서면몽골어의 [abu], 현대몽골어의 [a:b]·[a:dʒɛ:], 명대 여진어와 어웬키어의 [amin] 등과 동일한 어원이라고 주장하고 있지만(愛新覺羅烏拉熙春, 『契丹語言文字硏究』, 東亞歷史文化硏究會, 2004, p.39), Vovin은 이를 한국어 『계림유사』 고려방언의 "丫秘[아비]"에서 기원한 어휘일 것이라고 추정하고 있다(Alexander Vovin, op. cit., pp.208~209).
84) 『석보상절』에 등장하는 "히"를 근거로 한국어에서 차용되었을 것으로 추정한다(ibid, p.209).
85) 孫伯君·聶鴻音, 『契丹語硏究』, 中國社會科學出版社, 2008, pp.87~88.
86) "날(日)"을 의미하는 다고르어의 [nar], 몽골어의 [naran]이 동일한 어원이다(吳維·濱丹, 「達斡爾語是契丹語的延續」, 『昭烏達蒙族師專學報』 제20권 제5기, 1999, p.84).
87) 『요사』 「영위지」 ⊕와 『국어해』에 의하면 "아사(阿思)"는 "관대(寬大)"라는 뜻인데, 거란소자 "冬本"에 상당하다(王弘力, 앞의 논문, p.59).
88) 거란어 아사는 한국어 고대어인 아사달(阿斯達)에 나타나는 아사(阿斯)와 관련이 있다. 고조선의 수도였던 아사달이 평양(平壤)으로 나타나므로 아사는 평(平)과 연결되고 "넓은, 관대함, 광대함"의 뜻이다. 한국어에서는 "아스라히" 등의 단어에 남아 있다(이성규, 「거란어와 한국어의 관련성 연구」, pp.18~19; 『요사』(遼史) 국어해(國語解)의 거란어 연구」, 『몽골학』 제32권, 2012, p.176).
89) "물(河)"을 뜻하는 말로 『신오대사』에 "몰리(沒里)"가 처음 나오고, 고대몽골어의 [moren], 현대몽골어의 [morõ] 등과 같은 어원이다(孫伯君 외, 앞의 책, p.83).
90) 한어 음역이며, 몽골어의 [üdʒin←hudʒin], 만주어의 [fudʒin], 한국어의 [pu-in]과 동원어이다(愛新覺羅烏拉熙春 외, 앞의 책, p.141).
91) 몽골어의 [düri](외관), [dürsün](자세·형태), 만주어의 [durun](型), 한국어의 [mn-duri](형상·외관) 등이 같은 어원이다(위의 책, p.142).
92) "날발"(捺鉢)은 행원(行轅)·행영(行營)·행재(行在)·행궁(行宮) 등의 의미를 가진 거란어이다. 즉 황제의 출행 때의 행영(行營)을 말한다. 봄·여름·가을·겨울의 매 계절마다 궁을 나가서 사냥과 피서 등을 하며 날발 생활을 한다. 여진어로는 "剌鉢"(랄발: lat-bat)이라 하고 원대(元代) 몽골어로는 "納鉢"(납발) 또는 "納寶"(납보)라고 하였는데, 거란어 "날발"이 전음된 것이다(金渭顯 외 『국역요사』(상권, 2012, p.539); 孫伯君 외 2008(pp.83~85) 참조).

山	[niorqu]	[노르고]	노랗다, 황색	이성규 2010[94)] 武內康則 2013[95)]
丹仒 为夹	[b.ar.a.an]	[바란]	바른쪽, 오른쪽	大竹昌巳 2015[96)]
几仄 火	[g.u.un]	[구운]	곱다, 곱돌	이성규 2010[97)]
犬化	[i.ir]	[이르]	이르다, 이름(중세 한국어에 서는 [il-hum]이라 했다)	이성규 2013[98)]
由丹	[su.bu]	[수부]	술	Vovin[99)]
搽	[gutug]	[구툭]	복, 굿(복을 비는 행위)	孫伯君 외 2005[100)] 愛新覺羅烏拉熙春 외 2011[101)]

---

93) Wittfogel 등은 날발의 "발"(鉢)이 장소를 나타내는 한국어와 일본어의 "ba"와 동원어라고 주장하고 있다(Karl A. Wittfogel, Fêng Chia-Sheng, "History Of Chinese Society: Liao, 907-1125", American Philosophical Society, 1949, p.131).
94) 거란어의 女古(nürgü/nürga)는 한국어의 "누르고"와 연결되는데 이것은 "누른 것"이란 단어로 보인다(이성규, 「거란어와 한국어의 관련성 연구」, p.19.).
95) "황색"을 의미하는 선비어의 [ŋoraq]와 동일한 어원이다(武內康則, 「拓跋語與契丹語詞彙拾零」, 『華西語文學刊』 제8집, 2013, pp.73~74).
96) "오른쪽"을 뜻하는 서면몽골어의 [baraɣun], 중기몽골어의 [bara'un], 현대몽골어의 [baruːn] 과 동일한 어원이다(大竹昌巳, 「契丹小字文獻における母音の長さの書き分け」, 『言語研究』 제148호, 2015, p.88).
97) 한국의 한자음으로는 고온(*go'on)으로 재구된다. 몽골어의 ɣoa(예쁜)와 연결이 가능하며, 한국어 에서도 "곱다, 곱돌" 등의 단어와 연결이 가능하다(이성규, 앞의 논문, p.18.).
98) 한자 표기 자료로는 호.(號)·명(名)·휘(諱)로 나타나는데, 만주어·몽골어·위구르어에는 이와 크게 달리 표현되고 있어 한국어만이 유사함을 알 수 있다(이성규, 「거란소자 표기 단어와 한국어의 비교 연구」, pp.3~5).
99) 현재 첫째 알파벳(由)에 대한 음가는 지스(即實)만이 [səm]으로 추정하고 다른 학자는 음가를 제시하지 않고 있는데, Vovin은 "由丹"가 『계림유사』에 등장하는 술을 의미하는 한국 고어 "酥孛"[subo]에서 왔을 가능성이 크므로 "由"는 [su]로 읽어야 한다고 주장하고 있다(Alexander Vovin, op. cit, p.211).
100) 쑨보쥔(孫伯君) 등은 『요사』에 인명 등으로 등장하는 "호도"(胡睹, [hudu])가 복(福)을 나타내는 말로서 몽고어의 [qutuɣ]·여진어의 "忽都"(*hutu)에 상당하며, 『만주원류고』(滿洲源流考) 권 18 에도 "與人同受福曰呼圖克, 蒙古語福也."라고 나오는데, [qutuɣ]의 마지막 자음 [ɣ]가 거란어에서 는 탈락하였다고 주장하고 있다(孫伯君·聶鴻音, 「契丹語語音的歷史地位」, 『滿語研究』 2005년 2 기, p.110).
101) 아이씬죠로는 "搽"를 "복(福)"을 나타내는 표의글자로 보고 있다. 아울러 여진어의 [炎ᠪ:hutug ai](복이 있는, 행운의)와 [炎퀃:hutur](복), 만주어의 [hūturi](복)·[hutu](망령), 한국어의 [kut] (굿), 서면몽골어의 [hutug](福) 등과 어원이 같으며, 돌궐어의 [qut](행복, 엄함)를 어근으로 하는 동원어가 투르크계 언어에 광범위하게 존재하는 것으로 보아 [gut-]의 어원은 돌궐어에서 유래하 였을 것이라고 추정하고 있다(愛新覺羅烏拉熙春 외, 앞의 책, p.123).

참고로 표에 나열된 거란소자 어휘는 칭걸타이 등이 『거란소자연구(契丹小字研究)』(1985)에서 사용한 거란소자의 알파벳 번호순으로 배열하였다.

(2) 『요사』·「국어해」에 기록된 어휘

『요사』의 「국어해(國語解)」에 수록된 언어 자료는 200여 항 정도가 있는데 그 가운데 일부는 한어의 어휘에 포함된다. 인명·지명 등 고유명사를 제외하면 겨우 100항에도 미치지 못한다. 100항도 안 되는 이 어휘 가운데는 또 많은 관직, 또는 관부의 명칭이 있어서 진정한 의미의 거란어의 기본 어휘는 겨우 40여 개 항이 남을 뿐이다.102)

그런데 이 「국어해」에 수록된 자료는 거란어를 한자로 표기한 것이므로 이 한자어가 언제의 발음인지를 규명할 필요가 있다. 기존의 중국 측 연구에서는 중고음(中古音)에 속하는 『광운(廣韻)』, 『절운(切韻)』과 송대 음을 이용하여 거란어를 재구성하기도 하고 중국 북방음의 특징을 고려하여 『중원음운』과 『몽골비사(蒙古秘史)』, 『몽고자운(蒙古字韻)』의 한자음도 활용하고 있다. 이와 관련하여 이성규는 『요사』가 14세기인 1,344년에 기록되었으므로 14세기 한자음에 대해서도 고려하여야 한다고 주장하고 있다.103)

이성규는 쑨보쥔(孫伯君) 등의 연구 결과104)를 기초로 하여 거란어와 한국어를 비교한 결과 다수의 어휘가 연결된다고 하는 결론을 내리고, 하나의 표로 정리한 바 있어,105) 이 글에서도 [표3]으로 하여 그대로 전재한다. 다만, [표3]에 있는 거란소자 표기는 필자가 비교 연구에 참고할 수 있도록 『거란소자사전』의 해당 내용을 인용하여 기존 표에 별도로 첨가한 것임을

---

102) 정광, 『한글의 발명』, 김영사, 2015, pp.72~73.
103) 이성규, 「거란어와 한국어의 관련성 연구」, p.17.
104) "孫伯君 외, 「契丹語語音的歷史地位」(2005); 『契丹語研究』(2008)"를 말한다.
105) 이성규, 앞의 논문, p.20.

밝힌다. 이것들을 보면 당시 거란사람들이 자신들의 어휘를 애책이나 묘지명에 어떻게 기록했으며, 아울러 자기들의 언어를 대략 어떠한 방식으로 한자어로 표기하고자 했는지를 대비하여 볼 수 있다(어휘의 순서는 한자표기의 한국어 발음순으로 배열하였다).

[표3] 『요사』·「국어해」에 기록된 거란어 어휘와 한국어의 비교

거란어 한자표기	의미	孫伯君·聶鴻音 (2008)	거란소자106)	한국 한자음	한국어	몽골어
孤穩	玉	*güyön	兀亢火	고온	곱돌	γoa
捏咿唲	日	*neri	尺	날이아	날	nar(an)
女古	金	*nürgü	山	녀고	누르고	-
陶里	兎	*töli	乇矢为	도리	토끼	taulai
阿斯	寬大	*as	夂木	아사	아사(지명)	-
于越107)	貴官	*üγö	尺芬	우월	우거	-
爪	百	-	乑	조	온	jaγu(n)
討	五	*taw	乇	토	다섯	tab(an)
樺	射	*qa	-	화	활	harbuhu

(3) 윈난성 거란 후예가 사용하는 어휘

중국 역사학계에서는 한때 번창하였던 거란 민족이 어떻게 원나라 이후의 역사에서 갑자기 사라져 버렸는가 하는 역사적 수수께끼를 푸는 것이 오랜

---

106) 「국어해」에 한자로 표기된 거란어 어휘에 대한 거란소자 표기는 "김태경, 『거란소자사전』, 2019"에서 인용하였다.
107) 우월(于越)은 "고문(顧問)", "재상(宰相)"을 의미하는 고대 투르크어의 [ögä]에서 유래됐다고 한다(松井太, 「契丹とウイグルの関係」, 『契丹[遼]と10~12世紀の東部ユーラシア』, 勉誠出版, 2013, p.58).

숙제였다. 그러다가 1980년대에 중국 윈난성에서 거란소자가 몇 자 새겨진 오래된 비석이 발견되었다는 보고가 있었는데,108) 중국 정부는 이를 계기로 1990년대 초부터 본격적인 조사에 착수하였다. 중국의과대학원과 중국사회과학원이 합동으로 "분자고고학연구TaskForce"를 구성하였고,109) 유전자 측정이란 방법을 통하여 거란 민족의 흐름 문제를 연구하게 된 것이다.

윈난성에 대대로 거주하고 있는 아(阿)·망(莽)·지앙(蔣) 등 여러 성씨는 원·명나라 때부터 내려온 족보 등을 근거로 오래전부터 자기들을 "본인(本人)"이라 부르며 거란 후예라고 자처하고 있었던 사람들이다. T/F는 우선 이 사람들의 혈액 샘플을 채취한 후 요묘(遼墓)에서 출토된 고대 거란족 묘주의 이빨이나 뼈에서 유전자를 추출하여 비교하였다. 추가적으로 고대 거란족과의 여러 가지 혈연관계의 가능성이 있는 집단과 그렇지 않은 집단으로부터 각각 혈액 샘플을 뽑아 유전자 비교 연구도 진행하였다. 그 결과 윈난의 "본인"은 유전적으로 거란의 후예가 맞는 것으로 밝혀졌으며,110) 그들이 사용하는 언어 또한 몽골어 및 다고르어와 유사한 점이 많은 것으로 조사되었다.111)

[표4]는 윈난성 거란 후예에 대한 조사보고서나 다름없는 멍즈동(孟志東)의 『운남거란후예연구(雲南契丹後裔研究)』(1995)에 수록된 거란어와 후

---

108) 이 비석들의 발견 경위 및 내용 등에 대하여는 "孟志東, 『雲南契丹後裔研究』, 中國社會科學出版社 (1995)"를 참조하라.
109) 의과대학원 측 T/F 책임자는 이 대학원 기초의학연구소의 양후안밍(楊煥明)·류춘윈(劉春芸) 두 교수이고, 사회과학원 측 T/F 책임자는 원내 역사연구소의 천즈차오(陳智超)이며, 거란문자 전문가인 류펑주와 역사학자 리씨호우(李錫厚)가 창립 T/F 멤버가 되었다. 아울러 류펑주가 추천하여 네이멍구 문물고고연구소의 타라(塔拉)·치샤오구앙(齊曉光)과 우란챠부명(烏蘭察布盟) 박물관의 천탕동(陳棠棟) 및 리씽성(李興盛)이 T/F 멤버로 추가되었다. 중국 국가과학위원회는 이 과제 연구를 승인하고 예산까지 지원하여 주었다(劉鳳翥, 『契丹尋踪―我的拓碑之路』, p.172 참조).
110) 위의 책, pp.172~179.
111) 孟志東, 앞의 책, p.96 이하.

예 언어의 유사 어휘 중 한국어와 관련성이 있어 보이는 것들을 뽑아 정리한 것이다. 사실상 [표2]의 내용과 거의 유사함을 알 수 있는데, 요나라가 역사에서 사라지고 거란족에 대한 언급이 사서에서 사라진 지 거의 1천 년이 다 되어가는 시점에 이런 조사 결과가 나왔음은 상당히 의미 있는 일이다. 그중에는 새가 날 때나 깃발이 펄럭일 때의 형상과 소리를 나타내는 [pələ] 같은 어휘도 있는데, 이는 우리말 "펄럭이다"를 연상케 하고 있어 매우 흥미롭다. 참고로 어휘의 배열은 거란 후예 언어의 발음기호 순으로 하였다.

[표4] 원난성 거란 후예 언어와 한국어의 비교112)

거란후예 언어	의미	다고르어	서면 몽골어	한국어
[dʒao]	백(百)	[dʒao]	[dʒagʊ]	백
[əmeu]	모친	[əmeə]	[ədʒi]	어머니
[nān]	나이	[nas]	[nasʊ]	나이
[nə]	낮	[udur]	[ədur]	낮
[məuri]	말(馬)	[mori]	[mɔri]	말
[pələ]	날다	[pəər]	-	펄럭이다
[təu]	불에 태우다, 타다	[tul]	[tulə]	태우다
[tolo]	토끼	[taoli]	[taʊlai]	토끼

(4) 다고르족이 사용하는 어휘

앞서 소개한 "분자고고학연구T/F"는 원난성의 거란 후예에 대하여 조사하면서 1998년 9~10월에는 네이멍구 후룬베이얼멍(呼倫貝爾盟)의 모리다와(莫力達瓦) 다고르족(達幹爾族)자치기와 잉웬커족(影溫克族)자치기·

---

112) 위의 책, pp.204~223에서 발췌.

만저우리시(滿洲里市)·어르구나시(額爾古納市) 등으로 가서 다고르족113)·어웬키족 및 몽골족 사람들의 혈액 샘플 및 고대 선비인의 골격 표본을 함께 채취하였다. 그 결과 원난의 "본인" 뿐만 아니라 다고르족도 거란의 후예라는 사실을 밝혀내었다.114)

그동안 다고르족 기원에 대하여 중국 학계에서는 토착민설, 몽골족과 동기원설, 거란족 후예설 등 여러 가지 설이 있었는데,115) 이러한 조사 결과로 지금은 거란족 후예설에 무게가 더 실리는 분위기이다. 이를 반영하듯 그들의 언어인 다고르어는 언어학 분야에서 상당히 중요한 역할을 하고 있다. 거란소자의 음가를 추정하는 데 이 다고르어가 많은 도움을 주고 있기 때문이다.116)

다고르어는 몽골어족 중에서 가장 동쪽에 위치하여 여타 제 언어나 제 방언에서는 이미 사라진 고풍스런 특징을 여전히 보유하고 있기도 하지만 독자적인 변화도 많았기에 언어학계에서는 전통적으로 이 언어를 "고립어"(孤立語, isolated languages)의 하나로 간주하고 있다. 과거에는 북방 퉁구스계 언어와 접촉이 있었으나, 청대에 와서는 행정 언어인 만주어로부터의 어휘 차용도 현저했다고 지적하고 있다.117) 이러한 점을 감안하면, 현재의 다고르어는 고대 거란어보다는 중기 이후의 몽골·만주족 등과

---

113) 다고르족은 중국의 네이멍구자치구(7만명), 헤이룽장성(5만여명), 신장웨이우얼자치구(7천명)에 산다. 1990년 인구 조사에서 중국 전체의 다고르족 인구가 121,357명이었고 2000년에 132,394명이었다(김주원·권재일·고동호·김윤신·전순환, 『사라져 가는 알타이언어를 찾아서』, 태학사, 2006, p.252).
114) 劉鳳翥, 앞의 책, p.179.
115) 박련옥, 「흑룡강성 다우르어 지역사회 고찰」, 『알타이학보』 제13호, 2003, p.114. 참고로 다고르족의 민족기원에 대한 전반적 연구는 "莫日根迪, 「達斡爾族源研究述評」, 『達斡爾族研究』, 內蒙古自治區達斡爾族學會(編), 內蒙古大學出版社, 2000"를 참조하라.
116) 沈彙, 「論契丹小字的創製與解讀—兼論達斡爾族的族源」, 『中央民族學院學報』 1980년 제4기, pp.54~57; 劉鳳翥, 「從契丹小字解讀探達斡爾爲東胡之裔」, 『黑龍江文物叢刊』 1982년 제1기, pp.36~39.
117) 大竹昌巳, 「ダグール語音韻史の再構成(1)」, 『KOTONOHA』 제124호, 古代文字資料館, 2013, p.1.

교류하면서 여러 방언118)이 형성되는 등 주변 제족의 언어에 직·간접적 영향을 더 많이 받아왔음을 미루어 짐작할 수 있다. 즉 다고르어가 우리말과 유사한 것이 발견된다 하더라도 그것이 거란어의 유존이 아니라 몽골어 등 인접 언어에서 공통적으로 영향 받은 결과119)라고 볼 수도 있다는 것이다.

실제 이 다고르족 언어의 특수성에 대하여는 이미 중국이나 일본 학계에서 여러 차례 연구나 조사를 진행한 바가 있고,120) 우리 학계에서도 한국알타이학회가 주체가 되어 "한국어 계통 구명을 위한 알타이제어 현지 조사 연구 및 음성 영상 DB 구축"이라는 연구과제 수행 차원에서 2003년부터 2005년까지 3차례의 현지 조사를 진행한 바 있다.121) 그러나, 아직 우리말과의 관련성 여부는 특별히 보고되지 않고 있는데, 아마 위에서 언급한 이유와 일맥상통할 지도 모르겠다.122)

---

118) 다고르어의 방언 구분은 "4분론"이 일반적인데, 인구순으로 ①부터하(布特哈) 방언, ②치치하얼(齊齊哈爾) 방언, ③하이라얼(海拉爾) 방언, ④신쟝타청(新疆塔城) 방언의 4가지로 구분된다(大竹昌巳,「ダグール語音韻史の再構成(3)」,『KOTONOHA』제128호, 古代文字資料館, 2013, pp.2~3). 다고르족의 활동이 문헌에 알려진 것은 1620년대 이후로 당시는 흑룡강 상류 및 그 지류에 거주하였다. 17세기 중엽 청조와 러시아가 차례로 헤이룽쟝 지역으로 진출함에 따라 다고르족은 청조의 치하에 들어갔고 대러시아 정책의 일환으로 현재의 주거지역인 눈강(嫩江) 연안으로 이주하게 되었다. 그 지역에서 다시 옮겨 후룬보일 지역이나 신쟝 이리지방으로도 일부 이주하여 현재의 방언그룹이 형성되었다(大竹昌巳,「ダグール語音韻史の再構成(1)」, p.1. 참조).
119) 다고르어 어휘에 나타나는 주변 언어와의 공통요소에 대하여는 "風間伸次郞,「ダグール語の語彙におけるツングース諸語との共通要素について」,『北方人文研究』8호, 2015"를 참조하라.
120) 중국에서는 언허바투(恩和巴圖)가 3차에 걸친 다고르어 어휘 조사(1955년에 2,566개 단어, 1956년에 2,000개 단어, 1988년에 5,439개)를 통하여 몽골어 등과의 어원 관계 및 차용현황을 분석한 바 있고(恩和巴圖,『達斡爾語和蒙古語』, 內蒙古人民出版社, 1988, pp.485~486 참조), 일본의 오오다케 마사미(大竹昌巳)는 언허바투의 분석내용에 추가하여 2011년 3월에 일본에 유학 중인 다고르족 학생을 대상으로 다고르어의 어휘 및 음운특징을 조사한 바 있다(大竹昌巳,「ダグール語の音韻―共時的記述と通時的記述」,『地球研言語記述論集』4호, 2012. 참조).
121) 2,400여 개의 다고르어의 어휘 구성 등 현지 조사 결과는 "유원수,「다고르어 타청 방언의 어휘 구성 요소」,『중앙아시아연구』제13호, 2008"를 참조하라. 아울러 다고르어를 포함한 알타이언어 현지 조사 현황에 대하여는 "김주원 외, 앞의 책, p.217 이하"를 참조하라.
122) 현지 조사에 참가한 유원수는 거란어와의 관련성에 주목하고 있는데, "충분히 조사 하고도 기원이 밝혀지지 않을 상당수의 어휘 형태소들 가운데는 다고르어의 본질을 구성하는 요소들도 있을 가능성이 있는데 ……, 많은 사람이 이야기하는 대로 다고르어가 거란어의 후예일 경우 그러한 요소들은 거란어의 핵심 요소이기도 할 가능성이 있다"고 한다(유원수, 앞의 책, p.10).

[표5] 다고르어와 한국어의 비교

다고르어	의미	거란어와의 비교		한국어	참고
		거란소자	추정음		
[baran]	오른쪽, 서쪽	丹左为夹	[b.ar.a.an]	바른쪽 오른쪽	大竹昌巳[123]
[dur]	용모, 모양	令丙刃	[d.iu.r]	두리	風間伸次郎 2015[124]
[əmə]	어미	丙	[əmə]	어미	愛新覺羅 외 2011[125]
[mur]	강, 하천	乃	[mur]/ [mori]	물	孫伯君 외 2008[126]
[nar]	해, 날	尺	[niar]	날	孫伯君 외 2008,[127] 吳維 외 1999[128]
[saar saar]	부드럽다, 약하다	–	–	살살(의태어)	風間伸次郎 2015[129]
[taaw] [ta:bu]	다섯	㝱	[tau]	다섯	沈彙 1980,[130] 即實 1996,[131] 孫伯君 외 2005[132]
[uil]	일(事)	火	[ui]	일	呼格吉樂圖 2017[133]

---

123) 大竹昌巳, 앞의 논문, p.23.
124) 風間伸次郎, 앞의 논문, p.13.
125) 愛新覺羅烏拉熙春 외, 앞의 책, p.140.
126) 孫伯君 외, 앞의 책, p.83.
127) 위의 책, pp.87~88.
128) 吳維 외, 앞의 논문, p.84.
129) 風間伸次郎, 앞의 논문, p.12.
130) 沈彙, 앞의 논문, p.56.
131) 即實, 「關於契丹數詞音讀問題」, 『謎林問徑—契丹小字解讀新程』, 遼寧民族出版社, 1996, p.349.
132) 孫伯君 외, 앞의 논문, p.111.
133) 呼格吉樂圖, 앞의 책, p.38.

따라서 여기에서는 중국과 일본의 거란어 또는 다고르어 전공 학자들이 비교 연구 과정에서 밝혀낸 어휘 중 거란어와 유사한 어휘들을 [표5]를 통하여 일부 대비시키는 방법으로 소개하고자 한다. 한편 여기에서도 표 중의 거란소자 표기와 추정음은 『거란소자사전』의 해당 내용을 인용하여 첨가한 것임을 밝혀둔다. 아울러 어휘는 다고르어의 발음기호 순으로 배열하였다.

V. 향후의 추가 연구를 위한 제언

(1) 거란소자 1차 사료의 적극적 확보

거란어와 한글의 유사성을 연구하는 데 있어서 첫 번째 선결과제는 얼마나 정확한 거란소자 사료를 확보하느냐이다. 그러나 이 부문을 연구하면서 자주 접하는 문제가 묘지명(墓誌銘) 자료의 희소성뿐만 아니라 그 탁본의 정확성 문제이다. 앞서 언급한 일부 묘지명의 위작 논란은 아직 진행 중에 있어 차치하더라도, 아이씬죠로와 같은 학자는 중국 측이 묘지명 자료를 적시에 외부에 투명하게 공개하지 않아 일부는 사진이나 희미한 탁본을 가지고 연구함으로써 철자가 거란어의 특징인 모음조화와 어긋나게 되어 단어 해독을 불가능하게 만든다며 상당한 불만을 제기하기도 한다.[134]

아울러 묘지명 초본의 오류도 거란소자를 정확히 연구하는 데 커다란 장애물로 존재한다. 물론 묘지명을 제작할 당시에 석각(石刻) 과정에서 일

---

134) 아이씬죠로는 이러한 작금의 상황을 "묘지 자료의 인위적인 은폐"라고 주장하고 있다(愛新覺羅烏拉熙春 외, 앞의 책, p.271 참조).

부 오류도 있을 수 있지만,135) 대부분이 초본 작성 시에 발생한 오류이다. 이러한 오류를 학자들이 묘지명 원본과의 대조 없이 그대로 이용하다 보니 오류 내용이 그대로 굳어진 채로 여러 논문에서 동일하게 나타나는 경우가 허다하다.

따라서 국내에서도 거란문자의 본격적인 연구를 위해서는 거란문자 묘지명 탁본 등 1차 사료의 원본 확보에 노력하여야 함을 지적하지 않을 수 없다. 만약 원본 확보가 어렵다면 박물관 등이 주도가 되어 중국과의 교류전 등을 통해 최소한 정교한 사본이라도 확보하여 연구 인프라를 조성하여야 할 것이다. 그리하여 이를 디지털화하여136) 필요로 하는 학자들에게 제공해 준다면 더 바랄 나위가 없겠다. 또한 의지가 있는 학자들이 나서서 개별 묘지명 내용과 기존의 연구 자료들을 체계적으로 교감하여 그 결과를 학계에 선보이는 것도 하나의 방법이라 하겠다.137)

(2) 고어 자료나 기록 등을 활용한 언어 접촉 과정 등 연구

우리 민족과 거란족은 고구려부터 발해와 고려에 이르기까지 수백 년 동안 정치·외교적 접촉을 이어왔고, 그것이 언어차용이라는 형태를 거쳐 일정 부분 서로의 언어에 영향을 미쳤을 것이다. 그러한 언어차용은 공식적 외교관계가 형성된 고려 때에 집중되었을 것이므로 양 언어의 유사성 연구를

---

135) 통상 묘지명을 제작할 때는 3인이 등장하게 된다. 명문을 작성하는 찬사인(撰辭人), 그 명문을 묘지석에 붉은 글씨로 옮겨 적는 서단인(書丹人), 묘지석을 새기는 각석인(刻石人)이 그들이다. 일반적으로 찬사인의 이름은 묘지명 제목 다음에 나오는데, 가끔 서단인의 이름이 등장하는 경우도 있다. 그중 1명이라도 잘못하면 묘지명에 하자가 발생하는데, 그 대표적인 예가 도종황제 애책이다. 이 애책에는 특이하게도 9개 행이 잘못되어 개각(改刻)한 흔적이 있는데 아직 그 원인은 밝혀지지 않았다.
136) 실례로 필자는 거란소자 『선의황후 애책』(宣懿皇后哀册)의 탁본 원본을 입수하여 그것을 기초로 세밀하게 디지털 작업을 완료한 바 있다. 그리하여 이를 2019년 발간한 『거란소자사전』(pp.525~529)에 수록하였는데 글자 판독이 여타 묘지명 등에 비하여 매우 용이함을 알 수 있다.
137) 중국 랴오닝사회과학원(遼寧社會科學院) 역사연구소의 지스는 『謎田耕耘―契丹小字解讀續』(2012)에서 개별 묘지명들을 일일이 교감하여 교초본과 교감본으로 나누고 그 결과를 석독자료(釋讀資料)에까지 반영하는 노력을 기울여줌에 따라 후학들과 관련 연구자들에게 많은 도움이 되고 있다.

위해서는 고려어의 자료 연구가 필수적이다. 고려어 자료로는 북송 때 손목(孫穆)이 지은 『계림유사(鷄林類事)』138)를 빼놓을 수 없다. 『계림유사』의 「고려방언(高麗方言)」에는 고려어 361개 어휘가 송대 한자음으로 대음표기되어 있어 12세기 초 고려어의 사용 정황을 짐작하게 해 주는데,139) 일찍이 방종현140)·이기문141)·진태하142)·강신항143) 등 언어학자들이 많은 연구를 진행한 상태이다. 송대의 한자음을 얼마나 정확히 밝혀내느냐도 숙제이긴 하지만, 이를 잘 연구하여 거란어와 차근차근 비교해 나간다면 많은 성과가 있을 것이다. 이미 이성규와 Vovin은 『계림유사』의 일부 어휘를 근거로 한국어와 거란어의 유사성을 주장한 바도 있다.144)

『계림유사』보다는 3세기 정도 늦은 시점이지만 『조선관역어(朝鮮館譯語)』145)도 중요한 고어 자료이다. 이 책도 『계림유사』와 마찬가지로 중국 사람이 한자로 기록한 것이지만, 『계림유사』와는 어휘 수나 모음 체계에

---

138) 『계림유사』는 고려 숙종 8년(1103)에 손목(孫穆)이 서장관의 자격으로 고려의 개경을 다녀간 뒤 편찬한 책이다. 고려의 조정제도와 풍속 등을 기록하고, 송대의 한자음으로 고려어를 기록해 놓은 3권의 단행본이었다. 그러나 원나라 말에 도종의(陶宗儀)가 3권 중에서 고려의 조정제도와 풍속에 대한 것을 10여 조항만 발췌하고 고려어 부분은 모두 『설부』(說郛)라는 책에 옮겨 적어, 아쉽게도 본래의 단행본은 전하지 않는다. 그러므로 현재 전하는 『계림유사』의 가치는 역사자료보다도 어학자료로서 귀중한 위치를 차지한다(진태하, 「『鷄林類事』로 살펴본 高麗朝의 言語와 生活相」, 『한글한자문화』 190권, 2015, p.10).
139) 손목은 1103년(고려 숙종 8년) 6월에 고려에 와서 7월에 떠났다. 따라서 그가 기록한 약 360개 어휘는 이 39일간 개경에 체류하는 동안 이루어졌음을 알 수 있다(진태하, 「鷄林類事 編纂 年代考」, 『새국어교육』 제21권, 1975, p.104).
140) 우리나라의 『계림유사』에 대한 연구는 방종현으로부터 시작되었다. 논문(유고)으로는 「계림유사(鷄林類事) 연구」(『동방학지』 제2집, 1955)가 있다.
141) 주로 음운사 관점에서 『계림유사』를 연구하였는데, 논문으로는 「계림유사의 재검토」(『동아문화』 제8집, 1968), 「계림유사의 고왈한어미(姑曰漢了彌)에 대하여」(『국어학』 제45권, 2005) 등이 있다.
142) 국내 학자 중 『계림유사』에 관한 저작을 가장 많이 남겼다. 1974년에 타이페이에서 발간한 859쪽 분량의 단행본인 『鷄林類事研究』는 가장 완벽한 고찰이라는 평이 있다(강신항, 「계림유사와 송대음 자료」, 『동양학』 제5권, 1975, p.1 참조). 논문으로는 「鷄林類事 編纂 年代考」(『새국어교육』 제21권, 1975), 「송대 한·중 한자음 비교연구─계림유사의 고려 역음을 위주로」(『이중언어학』 제6권, 1990), 「계림유사 역어부 정해를 위한 연구」(『새국어교육』 제66권, 2003) 등이 있다.
143) 논문으로는 「계림유사 고려방언(高麗方言) 어석(語釋)」(『대동문화연구』 제10권, 1975), 「계림유사와 송대음 자료」(『동양학』 제5권, 1975) 등이 있다.
144) 그 사례는 [표2]와 관련된 각주들을 참조하라.
145) 『조선관역어』는 명나라 초기 외교정책의 일환으로 주변국의 어휘들을 중국어로 번역 편찬한 『화

서 차이가 많고146) 훈민정음보다는 이른 시기에 나온 것이어서 여말선초의 우리말 연구에 많은 도움이 될 수 있다.

또 하나 기대할 수 있는 것이 고려가요를 통한 연구이다. 고려 때 사람들의 생활 정서를 담은 민요이니만큼 언어나 시대상을 연구하는 데 이만큼 좋은 자료도 없을 것이다. 이에 대하여는 여러 방면에서 연구가 진행되고 있으며, 어휘에 관한 연구도 많이 나오고 있다.147) 그러나 양주동이 언급한 바대로 고려가요 자체가 사용언어 및 시대 상황 등 여러 가지 이유로 당시의 언어생활을 생생하게 전해 주지 못하고 있음은 아쉬운 부분이다.148)

이상은 우리 고어를 한자로 표기한 자료들이지만, 이와는 달리 우리의 사서 기록을 통하여 북방민족의 언어표현 사례를 찾아보는 것도 좋은 방법이다. 그간의 연구 결과149) 중 『조선왕조실록』을 인용한 논문들이 여럿 보이는데, "오랑캐의 말에 조선인을 가리켜 소을고(所乙古)라고 지칭한다"는 실록 내용150)을 다수가 인용하고 있다. 이에 대하여는 이기문이 보다 구체적으로 기술하고 있는데, "소을고"라는 말은 고려를 지칭

이역어』(華夷譯語)에 수록된 고려·조선어 어휘집이다. 선행연구에 따르면 편찬 시기는 영락 연간 (1403~1424)인 것으로 추정된다(김민수, 「고려어의 자료—『계림유사』와 『조선관역어』」, 『어문논집』 제10권, 1967, p.179; 주성일, 「『조선관역어』에 나타난 근대 한어 운미 변화—천문문을 중심으로」, 『중국문학연구』 제54권, 2014, p.359 등 참조).
146) 김동소, 「『계림유사』와 『조선관역어』의 한국어 모음 체계 연구」, 『한글』 제242권, 1998, p.9.
147) 고려가요의 어휘 연구로는 "양주동, 『여요전주—고가연구 속편』, 을유문화사(1961); 박병채, 『고려가요의 어석 연구』, 국학자료원(1994), 김응모, 『고려가요의 낱말밭 연구』, 도서출판 박이정(2011)" 등이 있다.
148) 양주동이 든 몇 가지 이유는 "①국어로 된 가요를 기록할 고유문자가 없다 보니 후대까지 기록·보전되지 못하였고, ②이두문자로 기록되었다 하더라도 매우 한정적이며, ③고려 상류층이 순수 국어로 된 시기를 폄하하였고, ④그나마도 조선조에 들어와서 망실과 삭제가 많았다"는 것이다(양주동, 『여요전주—고가연구 속편』, pp.1~2).
149) 이와 관련하여서는 이미 이기문(「한국어 속의 만주퉁구스제어 차용어에 대하여」, 『알타이학보』 제3호, 1991)과 김주원·이동은(「조선왕조실록에 나타난 여진어 만주퉁구스어」, 『알타이학보』 제3호, 알타이학보 제14호, 2004)의 연구 결과가 있다.
150) "胡語朝鮮人稱謂所乙古"(『성종실록』 22년 5월 임오일 주석).

하며 『여진역어(女眞譯語)』나 『여진문사전(金啓孮, 1984)』 등에 기초하여 "솔고"[solgo]라고 발음하여야 한다고 결론 내리고 있다.151) 이기문은 이를 여진어라고만 언급했지 그 어원은 밝히지 않았는데, 최근의 연구 결과에 따르면 이 말은 원래 고려를 지칭하는 거란어 "𘱺𘰲"[ʃulwur]에서 나온 것이다.152) 이 글자가 기록된 묘지명은 여러 건이 발굴되었고 그 중 마지막 제작 시점이 요 도종황제의 수창 연간(1095~1101)으로 금나라 창건 이전이므로,153) 요대에 거란족이 주로 사용하였거나 그 당시 주변 지역에 널리 사용되던 어휘를 후세의 여진족이 차용한 것임을 짐작할 수 있는 사례라고 하겠다.

물론 이러한 것들은 국어학계의 도움과 공동연구를 통하여 해결해 나가야 할 부분이지만, 우리의 고어 자료를 잘 정리하여 거란어·여진어 또는 몽골어 자료와 비교 연구해 나간다면 유사 어휘 분포나 당시의 언어접촉 과정 등을 보다 구체적으로 파악할 수 있을 것이다. 이와 더불어, 지리적으로 북방민족과 교류가 많았던 평안도와 함경도 등 한반도 북부지역의 방언 연구154) 등을 통하여 언어접촉 사례를 집중적으로 연구하는 것도 의미 있는 방법이라 생각한다.

(3) 요대 불경 및 자서 등 문자 자료 연구

거란어와 우리말의 접촉 현황을 잘 파악하기 위해서는 종교적인 교류도

---

151) 이기문, 앞의 논문, p.24.
152) 愛新覺羅烏拉熙春 외, 앞의 책, pp.9~46.
153) 현존하는 거란문 묘지에서 "고려"라는 단어가 8군데에서 출현한다. 그중 시대가 명확한 것은 6건으로 1건은 요 태조 연간, 3건은 성종 통화 연간, 2건은 도종 수창 연간이다(위의 책, p.1).
154) 일본의 오구라 신페이(小倉進平)는 1920~1930년대 평안도·함경도·황해도의 방언 연구(「平安南北道の方言」(1929), 「咸鏡南道及び黃海道の方言」(1930))를 통하여 수렵·어업 등 일상생활과 관련한 다수의 여진어와 만주어가 한국어 어휘 속에 뿌리내리고 있음을 입증하고 있다("이기문, 앞의 논문, pp.27~29"를 기초로 재정리하였다).

무시할 수 없다. 당시 고려의 불교는 남방지역인 송나라보다는 북방지역인 요나라의 불교 영향을 더 많이 받았다는 게 학계의 정설이다.155)

또한 요 불교계에서는 대장경도 조판 간행하였는데 송 대장경에 포함되지 않은 경론을 포함하여 훨씬 방대한 것이었고, 요의 황제(도종)와 승려들이 불경을 연구하면서 원효대사의 『대승기신론(大乘起信論)』 주석서를 인용하였다는 기록이 있다. 아울러, 고려 문종 17년(1063) 3월에 1차로 요나라 대장경이 고려에 도착하였고, 26년(1072) 12월에는 요나라가 추가로 조판한 대장경도 고려에 전해 주었다는 기록이 있는 등 거란과 고려와의 불교 교류는 매우 활발하였다.156)

당시의 상황이 이러하다면 요대에 간행된 대장경157)이나 요의 승려 행균(行均)이 편찬하여 중국의 명·청과 우리의 고려·조선 등 후대의 자서(字書)에 크게 영향을 미친 『용감수경(龍龕手鏡)』158)과 같은 요나라의 불교 관련 문자 자료를 통하여 공통 어휘 등을 조사해 보는 것도 하나의 유용한 접근방법이 될 수 있다고 판단된다.159)

---

155) 실례로, 현재 남아 있는 범종의 경우 송의 연호를 쓴 것은 1구에 불과하지만 요의 연호를 쓴 것은 21구에 달하고 있다고 한다. 이 외에 고려와 요나라의 불교 교류 및 영향에 대하여는 "장남원 외, 『고려와 북방문화』, 도서출판 양사재, 2011"를 참조하라.
156) 김영미, 「고려와 요의 불교 교류」, 『고려와 북방문화』, 양사재, 2011, pp.69~77.
157) 1974년 중국 산서성 응현목탑(應縣木塔)의 4층 석가탑주상 흉배부에서 요대 경전이 다수 발견되었는데, 그동안 전하지 않던 희귀본 경전들도 포함되어 있어 거란 불경 연구에 많은 도움이 되고 있다. 자세한 것은 "山西省文物局·中國歷史博物館(편), 『應縣木塔遼代秘藏』, 文物出版社, 1991"를 참조하라.
158) 『용감수경』은 요의 유주(幽州) 출신 승려인 행균이 불경을 연구하여 편찬한 자서로서 간행 후 70여 년만에 북송에서 복각본이 간행되었고 명·청대에도 계속 간행되었다(정광, 「고려본 용감수경(龍龕手鏡)에 대하여」, 『국어국문학』 제161호, 2012, pp.160~161). 아울러 고려에도 전입되어 번각(1997년에 국보 제291호로 지정)되었고, 조선 초인 1472년에는 표제자와 주석을 증보하고 체재를 변경해 개판하기도 하였다(하강진, 「중국 자전의 수용 양상과 그 의미」, 『동방한문학』 제66집, 2016, p.62).
159) 불경 연구와 관련해서는 일찍이 이성규가 "거란 불경의 전래는 불경 학습에 어느 정도 영향을 주었을 것으로 추정되는데 현재 고려 시대 불경에 나타나는 고유어 표기와 연결 고리가 없는지 살펴볼 필요가 있다"고 제안한 바 있다(이성규, 「거란어와 한국어의 관련성 연구」, p.20. 참조).

(4) 다고르어 등 인접 알타이어에 대한 비교 연구

다고르어에는 확립된 표기법과 고유문자가 없고, 따라서 다고르어로 쓰인 책이나 문학 작품도 없다.160) 최근 들어 타 언어와 비교한 어휘 사전이 등장하는 등 어느 정도 연구에 진전이 있기는 하나, 이러한 연구 서적은 대부분 중국어나 몽골어·만주어161)로 되어 있어 활용하기가 용이하지 않다. 그런 의미에서 한국알타이학회가 2000년대 초중반에 실시한 "다고르어 등 절멸 위기의 알타이언어 현지조사"는 시의적절한 것이라고 본다.

특히, 동 학회가 조사보고 책자에서 언급하였듯이 그동안 문헌에만 의존해 왔던 우리의 연구행태를 바꾸어 나감과 아울러 이제는 한국어를 모국어로 하는 연구자가 나서서 알타이언어를 연구하고 기술해야 할 시점에 와 있다는 인식162)은 우리 모두가 공유하고 실천해 나가야 할 방향이라 생각된다.

이러한 방향성은 거란어와 우리말을 비교 연구하는 데 있어서도 동일하게 적용될 수 있을 것이다. 2019년 초에『거란소자사전』이 출판되었지만, 이것은 단지 조그마한 발걸음에 불과하다고 보아야 한다. 왜냐하면 사전은 한국인이 제작하였지만 그 제작에 사용된 대부분의 기초 자료는 우리 것이 아닌 중국이나 일본의 기존 연구 문헌들이기 때문이다. 따라서 이제부터는 거란어와 다고르어·여진어·만주어의 공통부분을 체계화163)하고, 이를 우리말의 고어·현대어·방언 등과 비교하는 작업에도 눈을 돌릴 필요가 있다.

---

160) 김주원 외, 앞의 책, p.254.
161) 1989년에 우리말로 번역되어 출판된『다호르고사』(胡格金台 저, 최학근 외 번역, 명문당, 1989)도 그 원문은 바로 만주문이다.
162) 김주원 외, 앞의 책, pp.26~28. 참조.
163) 앞에서 언급하였듯이 두 언어 간의 공통부분이 다수 보이는데, 추가 연구를 통하여 이것이 거란어 자체의 유존에 의한 것인지 아니면 돌궐어·여진어·몽골어 등 앞뒤 인접 언어에 공통으로 나타나는 것인지 등을 구별하여야만 언어의 접촉 현상을 명확히 알 수 있다.

Ⅵ. 맺음말

이상으로 거란어와 한국어의 유사성을 주제로 하여 관련 사례를 살펴보고 향후의 추가 연구를 위한 몇 가지 제언을 덧붙였다. 거란은 지정학적 이유로 고려와 여러 차례 전쟁도 하였지만 오랜 기간 많은 접촉을 통해 서로 간에 주고받은 문화적 영향도 적지 않다. 그 중 하나가 언어이다. 그러나 언어 관련성을 본격적으로 연구하기 위해서는 거란소자의 해독 결과를 기초로 하여야 함에도 현재 거란소자로 된 서적은 하나도 전해지는 것이 없고, 발견된 금석문 자료도 매우 한정되어 완전한 해독에 이르기까지는 아직 요원한 실정이다. 그러다 보니 거란어가 우리말에, 혹은 우리말이 거란어에 어느 정도 영향을 주었는지를 가늠할 수 없고, 단지 몇 개의 유사 어휘만을 가지고 언어의 접촉이 있었을 것이라고 추정할 뿐이다.

우리 학계의 입장에서 아직 불모지나 다름이 없는 이 분야를 조금이라도 개척해 나가기 위해서는 거란소자 묘지명의 정밀한 탁본을 수집하는 노력이 선행되어야 할 것이고, 이렇게 하여 수집된 거란어 어휘들을 우리말 고어와 북방 방언 등 언어 자료, 요대 불경과 자서 등 문자 자료, 다고르어 등 제반 알타이어 조사자료들과 비교해 나간다면 인접 언어와의 접촉 실태뿐만 아니라 우리말의 어원을 밝히는 데에 도움이 될 수 있을 것으로 본다. 그러다 보면 아직 미해독 상태로 남겨져 있는 상당수의 거란문자 중 그 일부라도 우리 손으로 직접 해독해 내는 영광스런 성과도 거둘 수 있으리라고 본다.

■ 참고문헌

1. 사료

· 김위현 외, 『국역 요사』, 단국대학교 출판부, 2012.
· 이성규 외, 『국역 금사』, 단국대학교 출판부, 2016.
· [宋] 沈括, 『夢溪筆談』, 中華書局, 2016.
· [宋] 洪邁, 『夷堅志』, 中華書局, 1971.

2. 국내문헌

· 강경원, 「언어유형 구분에 의한 한국어 유사언어와 그 분포」, 『문화역사지리』 제20권 제2호, 2008.
· 강신항, 「계림유사와 송대음 자료」, 『동양학』 제5권, 1975.
· 김민수, 「고려어의 자료—『계림유사』와 『조선관역어』」, 『어문논집』 제10권, 1967.
· 김주원, 「한글과 거란소자에 관한 단상—Wylie(1860)에 나타난 한글과 거란소자 비교에 대한 논평」, 『건지인문학』 제8집, 2012.
· ———, 『훈민정음』, 민음사, 2013.
· ———, 「거란소자 연구의 첫걸음」, 『2015년 제2차 문자연구 학술대회 자료집』, 국립한글박물관, 2015.
· ———, 「세계 여러 문자의 모음 표기 양상과 훈민정음의 모음자」, 『국어학』 제80집, 2016.
· 김주원·권재일·고동호·김윤신·전순환, 『사라져 가는 알타이언어를 찾아서』, 태학사, 2006.
· 김태경, 『거란소자사전』, 조선뉴스프레스, 2019.
· 劉鳳翥, 「契丹文字中的 "橫帳"」, 『유라시아 문명과 알타이』, 가천대학교 아시아문화연구소, 2016.
· 박련옥, 「흑룡강성 다우르어 지역사회 고찰」, 『알타이학보』 제13호, 2003.
· 박진호 외, 『한글과 동아시아 문자 비교 연구』, 국립한글박물관, 2016.
· 孫伯君 저, 이상규 외 역, 『금나라 시대 여진어』, 태학사, 2015.
· 辛兌鉉, 「契丹文哀册に就て」, 『青丘學叢』 제28호, 1937.
· 심영환, 『몽고자운』, 민속원, 2020.
· 愛新覺羅烏拉熙春, 「契丹文字の主な資料源」, 『2010년도 문명아카이브 해제 프로젝트』, 서울대학교 중앙유라시아연구소, 2010.
· 양주동, 『여요전주—고가연구 속편』, 을유문화사, 1961.
· 유원수, 「다고르어 타청 방언의 어휘 구성 요소」, 『중앙아시아연구』 제13호, 2008.

- 이기문, 「한국어 속의 만주퉁구스제어 차용어에 대하여」, 『알타이학보』 제3호, 1991.
- 이성규, 「거란어와 한국어의 관련성 연구」, 『북방문화연구』 제1권 제1호, 2010.
- ———, 「요사(遼史) 국어해(國語解)의 거란어 연구」, 『몽골학』 제32권, 2012.
- ———, 「고구려, 발해, 거란 문자와 상호 연관성 연구」, 『다문화 융합의 만주지역 고문자연구 및 자료개발』, 2012.
- ———, 「거란소자 표기 단어와 한국어의 비교 연구」, 『북방문화연구』 제4권, 2013.
- 장남원·강병희·권순형·김순자·김영미·안귀숙·정은우, 『고려와 북방문화』, 도서출판 양사재, 2011.
- 정광, 「朝鮮漢字音의 成立과 變遷」, 『인문언어』 제7권 제7호, 2005.
- ———, 『몽고자운 연구』, 박문사, 2009.
- ———, 「契丹·女眞文字와 高麗의 口訣字」, 『일본문화연구』 제36집, 2010.
- ———, 『한글의 발명』, 김영사, 2015.
- 주성일, 「『조선관역어』에 나타난 근대한어 운미 변화—천문문을 중심으로」, 『중국문학연구』 제54권, 2014.
- 진태하, 「鷄林類事 編纂 年代考」, 『새국어교육』 제21권, 1975.
- ———, 「『鷄林類事』로 살펴본 高麗朝의 言語와 生活相」, 『한글한자문화』 190권, 2015.
- ———, 『鷄林類事研究』, 명문당, 2019.
- 淸格爾泰, 「關於契丹文字的特點」, 『아시아 제민족의 문자』, 태학사, 1997.
- 淸格爾泰외 저, 김태경 옮김, 『유목민족이 남긴 미스터리—거란소자연구』, 예문춘추관, 2016.
- 하강진, 「중국 자전의 수용 양상과 그 의미」, 『동방한문학』 제66집, 2016.

3. 외국문헌

- 大竹昌巳, 「ダグール語の音韻—共時的記述と通時的記述」, 『地球研言語記述論集』 4호, 2012.
- ———, 「ダグール語音韻史の再構成(1)」, 『KOTONOHA』 제124호, 古代文字資料館, 2013.
- ———, 「ダグール語音韻史の再構成(3)」, 『KOTONOHA』 제128호, 古代文字資料館, 2013.
- ———, 「契丹小字文献における母音の長さの書き分け」, 『言語研究』 제148호, 2015.
- ———, 「契丹語形容詞の性·數標示体系について」, 『京都大学言語学研究』 제35호, 2016.
- 島田好, 「林西遼陵石刻出土紀事」, 『書香』 제46호, 1933.
- 劉鳳翥, 「從契丹小字解讀探達斡爾爲東胡之裔」, 『黑龍江文物叢刊』 1982년 제1기.
- ———, 『契丹文字研究類編』, 中華書局, 2014.
- ———, 『契丹尋踪—我的拓碑之路』, 商務印書館, 2016.
- 劉振鷺, 「遼聖宗永慶陵被掘紀略」, 『藝林月刊』 제32기, 1932.
- 孟志東, 『雲南契丹後裔研究』, 中國社會科學出版社, 1995.
- 武内康則, 「拓跋語與契丹語詞彙拾零」, 『華西語文學刊』 제8집, 2013.

- 白原銘, 『新發現契丹大字≪孟父房耶律統軍使墓誌≫(殘石)研究』, 內蒙古大學 碩士學位論文, 2019.
- 孫伯君·聶鴻音, 「契丹語語音的歷史地位」, 『滿語研究』 2005년 2기, 2005.
- ──────, 『契丹語研究』, 中國社會科學出版社, 2008.
- 松井太, 「契丹とウイグルの関係」, 『契丹[遼]と10〜12世紀の東部ユーラシア』, 勉誠出版, 2013.
- 沈彙, 「論契丹小字的創製與解讀―兼論達斡爾族的族源」, 『中央民族學院學報』 1980년 제4기.
- 愛新覺羅烏拉熙春, 『契丹語言文字研究』, 東亞歷史文化研究會, 2004.
- ──────, 『契丹文墓誌より見た遼史』, 松香堂(京都), 2006.
- 愛新覺羅烏拉熙春·吉本道雅, 『韓半島から眺めた契丹·女真』, 京都大學, 2011.
- 吳東穎, 『契丹古尸分子考古學研究』, 中國協和醫科大學 博士學位論文, 1999.
- 吳維·濱丹, 「達斡爾語是契丹語的延續」, 『昭烏達蒙族師專學報』 제20권 제5기, 1999.
- 王弘力, 「契丹小字墓誌硏究」, 『民族語文』 1986년 제4기, 1986.
- 恩和巴圖, 『達斡爾語和蒙古語』, 內蒙古人民出版社, 1988.
- 即實, 『謎林問徑―契丹小字解讀新程』, 遼寧民族出版社, 1996.
- ──────, 『謎田耕耘―契丹小字解讀續』, 遼寧民族出版社, 2012.
- 清格爾泰·劉鳳翥·陳乃雄·于寶麟·刑復禮, 『契丹小字研究』, 中國社會科學出版社, 1985.
- 風間伸次郎, 「ダグール語の語彙におけるツングース諸語との共通要素について」, 『北方人文研究』 8호, 2015.
- 呼格吉樂圖, 『契丹語與蒙古語共同詞彙研究』, 內蒙古大學 碩士學位論文, 2017.
- Alexander Vovin, Koreanic loanwords in Khitan and their importance in the
- decipherment of the latter, Acta orientalia academiae scientiarum Hung, volume 70(2), 2017.
- Daniel Kane, The Kitan Language and Script, London: Brill, 2009.
- Karl A. Wittfogel, Fêng Chia-Sheng, History Of Chinese Society: Liao, 907-1125, American Philosophical Society, 1949.
- L.Kervyn, Le tombeau de L'empereur Tao-tsong(1101) — Une découverte interéssante, Le Bulletin Catholique de P'ekin, no. 118, 1923.
- Nicolas Tranter, The 'Ideal Square' of Logographic Scripts and The Structural Similarities of Khitan Script and Han'gŭl, Pathways into Korean Language and Culture, 2002.
- В. П. Зайцев, Рукописная книга большого киданьского письма из коллекции Института восточных рукописей РАН, Письменные памятники Востока 2(15), 2011.

인하대 고조선연구소 연구총서 ❺
고려시대 서북계 이해